中国软科学研究丛书

丛书主编：张来武

“十一五”国家重点图书出版规划项目

国家软科学研究计划资助出版项目

移居城镇的农民住房问题研究

陈 淮 秦 虹等著

科学出版社

北京

内 容 简 介

移居城镇的农民住房问题一直是目前我国社会普遍关心的问题。本书在分析移居城镇的农民住房问题国际经验和教训的基础上，通过问卷调查和实地调研，对我国快速城镇化进程中的农民工住房状况和政策进行深入分析，对城中村、城郊村农民的住房问题进行研究，并提出了解决移居城镇农民住房问题的政策、措施和建议。

本书对政府及相关管理部门、科研院校相关研究人员都有一定的借鉴意义和参考价值。

图书在版编目(CIP)数据

移居城镇的农民住房问题研究 / 陈淮等著．—北京：科学出版社，2017.4

（中国软科学研究丛书）

ISBN 978-7-03-052294-8

Ⅰ．①移…　Ⅱ．①陈…　Ⅲ．①民工—住宅问题—研究—中国
Ⅳ．① D669. 3 ② F299.233

中国版本图书馆 CIP 数据核字（2017）第 053008 号

丛书策划：林 鹏 胡升华 侯俊琳
责任编辑：侯俊琳 田慧莹 张翠霞 / 责任校对：李 影
责任印制：徐晓晨 / 封面设计：黄华斌 陈 敬
编辑部电话：010-64035853
E-mail:houjunlin@mail. sciencep.com

科学出版社出版
北京东黄城根北街16号
邮政编码：100717
http://www.sciencep.com
北京京华虎彩印刷有限公司印刷
科学出版社发行 各地新华书店经销

*

2017年4月第 一 版 开本：720 × 1000 1/16
2017年4月第一次印刷 印张：11
字数：192 000

定价：68.00 元

（如有印装质量问题，我社负责调换）

“移居城镇的农民住房问题研究”
课题组成员名单

课题组组长 陈　淮　秦　虹

课题组成员 周　江　浦　湛　钟庭军

张　智　周　达

总 序

PREFACE

软科学是综合运用现代各学科理论、方法，研究政治、经济、科技及社会发展中的各种复杂问题，为决策科学化、民主化服务的科学。软科学研究是以实现决策科学化和管理现代化为宗旨，以推动经济、科技、社会的持续协调发展为目标，针对决策和管理实践中提出的复杂性、系统性课题，综合运用自然科学、社会科学和工程技术的多门类多学科知识，运用定性和定量相结合的系统分析和论证手段，进行的一种跨学科、多层次的科研活动。

1986 年 7 月，全国软科学研究工作座谈会首次在北京召开，开启了我国软科学勃兴的动力阀门。从此，中国软科学积极参与到改革开放和现代化建设的大潮之中。为加强对软科学研究的指导，国家于 1988 年和 1994 年分别成立国家软科学指导委员会和中国软科学研究会。随后，国家软科学研究计划正式启动，对软科学事业的稳定发展发挥了重要的作用。

20 多年来，我国软科学事业发展紧紧围绕重大决策问题，开展了多学科、多领域、多层次的研究工作，取得了一大批优秀成果。京九铁路、三峡工程、南水北调、青藏铁路乃至国家中长期科学和技术发展规划战略研究，软科学都功不可没。从总体上看，我国软科学研究已经进入各级政府的决策中，成为决策和政策制定的重要依据，发挥了战略性、前瞻性的作用，为解决经济社会发展的重大决策问题作出了重要贡献，为科学把握宏观形势、明确发展战略方向发挥了重要作用。

20多年来，我国软科学事业凝聚优秀人才，形成了一支具有一定实力、知识结构较为合理、学科体系比较完整的优秀研究队伍。据不完全统计，目前我国已有软科学研究机构2000多家，研究人员近4万人，每年开展软科学研究项目1万多项。

为了进一步发挥国家软科学研究计划在我国软科学事业发展中的导向作用，促进软科学研究成果的推广应用，科学技术部决定从2007年起，在国家软科学研究计划框架下启动软科学优秀研究成果出版资助工作，形成“中国软科学研究丛书”。

“中国软科学研究丛书”因其良好的学术价值和社会价值，已被列入国家新闻出版总署“‘十一五’国家重点图书出版规划项目”。我希望并相信，丛书出版对于软科学研究优秀成果的推广应用将起到很大的推动作用，对于提升软科学研究的社会影响力、促进软科学事业的蓬勃发展意义重大。

科技部副部长

2008年12月

序*

PREFACE

农民工在城镇中的住房问题已经成为当前城镇化进程中必须面对的重要问题。2008年住房和城乡建设部政策研究中心提出的“移居城镇的农民住房问题研究”课题被列为科技部2008年度国家软科学研究计划项目（项目编号：2008GXS5B083）。课题组为完成课题任务，发放并收集了全国地方建设行政主管部门的问卷68份，在北京走访了多个农民工聚居点，对城中村和建筑工棚进行了实地调研，组织并召开了部分农民工专题座谈会，收回了农民工抽查调查问卷404份。经过一年的努力顺利完成了课题计划，并于2010年1月26日通过科技部组织的专家验收。

2012年9月，该课题获批为国家软科学研究计划出版项目。之后课题组对课题内容进行了补充，对部分数据进行了更新。由于课题组开展的问卷调查距今已有一段时日了，部分数据为2011年前数据。尽管如此，本研究建立的城市新移民住房问题理论分析框架、运用的农民工住房问题调查分析方法、揭示的农民工住房问题以及提出的一些政策建议，对当前解决城市新移民的住房问题，仍有重要的理论实践意义和积极的参考价值。

移居城镇的农民住房问题包括城中村中的农民和新移居到城镇的农民工住房问题两部分。其中，住房问题的核心是迁徙到城镇的农民工在城镇定居并以适当方式解决住的问题。因此，引导农民工定居城镇的住房政策尤为重要。

农民工是我国社会中的一个特殊群体。他们的社会身份（户口）是农民，但主要从事的工作是非农生产活动；他们大部分在城市就业，但其固定住所在农村；他们为城市创造财富，但却无法享受城市的住房、教育、

* 此序言为代序，原文题为《解决农民工定居城镇住房问题的政策建议》，发表在2010年18期《经济要参》上，有删改。

医疗和社会保障等政策。自1984年开始允许农民自带口粮进城经商务工以来，农民工现象已有30多年的历史。2015年，全国农民工的总数达到2.77亿人，其中，异地流动的农民工为1.69亿人，他们已经成为我国工业化进程中一支不可或缺的新型劳动大军。这些农民工能否在城镇长期有序定居，事关我国社会经济稳定发展和全面建设小康社会的大局。

一 农民工定居城镇符合国家城镇化战略

城镇化是我国经济发展的引擎之一，也是解决“三农”问题的根本出路，顺利推进城镇化是我国的一项重要国家战略。中央经济工作会议提出，“要把解决符合条件的农业转移人口逐步在城镇就业和落户作为推进城镇化的重要任务”，“要把推进城镇化作为保持经济平稳较快发展的持久动力”，明确地把推进城镇化作为实施城乡统筹的重要举措。城镇化是我国经济增长的内生动力，与经济发展形成了良性互动的关系。最直观的表现是，改革开放以来，我国经济增长出现的地区差异与城镇化水平的差异高度一致。顺应工业化、城镇化的客观规律，引导农村富余劳动力向非农产业和城镇有序转移，推进城镇化进程，是今后一个时期促进我国经济发展的重要战略选择。

由于户籍和土地制度的影响，我国城镇化的关键问题是农民进城如何落户和定居的问题。改革开放以来，我国城镇化速度非常快，但是目前的城镇化却存在着不稳定的因素。城镇人口中异地流动的农民工，由于存在着户籍、土地、保障、住房等方面的问题，他们难以真正在城市稳定居住，随时有可能回流到农村，如果扣除这部分没有扎根在城镇里的农民工，那么我国的城镇化率有可能比统计数据低10个百分点左右。所以，中国城镇化的关键问题是农民进城落户定居问题。农民工只有实现了定居城镇，才能真正实现农业劳动力的职业转换和身份转换的统一。如果农民工不能定居城镇，始终处于游离状态，我们的城镇化就是有水分的城镇化、不稳定的城镇化、有假象的城镇化。目前，农民工已广泛分布在国民经济各个行业，在加工制造业、建筑业、采掘业，以及环卫、家政、餐饮等服务业中已占从业人员的半数以上。如果不稳定的城镇化长久存在，一方面，对经济持续发展、社会稳定、城市运行、居民生活水平提高、农民致富都将造成极大的威胁；另一方面，外出务工经商的农民工多数为中青年，如果在有就业能力的中青年时期不能在城市落户定居，老年后再进城定居的动力和机会将大大减少，到那时，城镇化进程将面临严重困境。所以，在我国老龄化来临之前，把具备条件的农业人口通过稳定居住转为城镇人口，实现城镇化的实质性推动，是重要的历史机遇。

二 目前农民工定居城镇的条件正在形成中

改革开放以来，我国经历了城镇化的快速增长和城市大规模的扩张时期。这一时期的快速城镇化，有补历史欠账的因素，也有行政区划调整的因素，还有政府行政力推动的城市结构调整的因素。靠城市规模的扩张，许多农民被动变成了市民。今后，城镇发展不可能再持续这样粗放的模式，城镇化的顺利推进必须要依靠城镇集约式地发展、靠农民的主动性因素。在农民主动进入城镇过程中，农民工是最有条件率先变成市民的。经过长期的积累，我们可喜地看到，农民工变市民的条件正初步具备。

首先，农民工在城镇经商务工出现了长期化、家庭化和年轻化的趋势，致使其定居城镇的意愿增强。农民工在经历了对其限制流动、控制流动、引导流动、鼓励流动等一系列政策变化之后，目前，不但农民工的数量已经非常庞大，而且农民工进城务工的实际状况也发生了很大的变化。一是长期化趋势增强。由于农民工外出务工的收入明显高于务农收入，农民工外出打工成为农民家庭脱贫致富的重要途径，所以在外务工的年限逐年加长。二是家庭化趋势显现。目前已经有一定数量的农民工不再是单身一人在外打工，而是倾向于举家移居，农民工流动已呈现家庭化的趋势。农民工家庭化流动，成为定居城镇的重要动力。三是年轻化趋势明显。随着我国开放程度的不断加大和农业剩余劳动力面临的持续压力，农民工外出打工的年龄越来越低，目前新生代农民工逐渐成为我国农民工群体的主体。这些年轻的新一代农民工，特别是那些出生在城市里的农民工，文化综合素质普遍提高、乡土依恋情结逐渐淡化、城市归属感不断增强、物质要求和价值追求提升、融入城市社区的进程加快、定居城镇的意愿明显提高。

其次，农民工收入的提高，为其进城定居奠定了物质基础。尽管总体上看，农民工的收入与城镇职工有很大差距，但与自身相比，已经有了明显的提高。农民工收入的提高除了正常增长外，与政府的政策干预密不可分，其中，加大力度解决农民工工资拖欠问题、依法保障签约农民工收入、建立农民工工资保障金制度、落实农民工最低工资标准等工作取得了显著成效。

最后，社会保障制度全面推行，将加速推进农民工进城定居。根据民政部的报告，目前农村社会保障体系初步形成，包括农村最低生活保障制度、新型农村合作医疗制度、农村医疗救助制度、农村五保供养制度、自然灾害生活救助制度等主要内容。到2020年，农村社会保障工作基本可以做到有法可依、有章可循。可以预见，城乡一体的社会保障的逐步实施，以及城乡基础设施、就业、教育等一体化进程的大大加快，将极大地解除农民工的后顾之忧，他们进城定居的愿望将会更加迫切。

三 农民工定居城镇需要住房政策引导

我国城市化不仅仅是经济、社会和环境变化的自然产物，还受到公共政策的显著影响，在农民工进城定居的条件已经初步具备之时，加强政策引导正当其时。居住是农民工融入城市社会、完成农民向市民转化的关键一环，是农民工市民化的基础。安居才能乐业，如果居住问题不能很好地解决，其他问题如成家问题、子女教育问题、社会保障问题、业余精神文化生活问题等也无从谈起。所以农民工定居城镇首先要解决住的问题，这已经成为新时期我国各个城市政府面临的挑战。把这个问题解决好，不仅有利于改善农民工在城市的待遇和生活质量，解除农民工的后顾之忧；有利于促进农民工在城市永久定居；而且也有利于农民工与城市市民之间的社会融合，防止某些发展中国家城市化过程中曾出现过的贫民窟现象。

解决农民工的居住问题，须关注农民工住房的状况和尊重农民意愿。综合多项研究，目前农民工的住房有以下几个方面的特点。

第一，农民工的住房状况普遍较差，对住房的满意程度较低。根据笔者的调查，建筑业和制造业吸纳的半数左右进城务工人员总数主要居住在工地的工棚和集体宿舍中；城乡结合部、城中村、居民楼地下室、经营场所是农民工自己租房的主要居住地，只有极少部分农民工购买或租住了条件良好的城镇住房；在农民工自租的住房中，80％以上居住的是临建房或简易房，这些房子位置偏远、建筑密度大、安全隐患高；农民工的居住环境恶劣，多数房屋缺少阳光、通风、集中取暖、独立卫生间等条件，阴暗、潮湿，卫生条件差；绝大多数农民工的住房支出并没有随收入提高而增加，他们倾向于与同乡扎堆居住，融入城市的程度很低，健康的文体休闲娱乐等精神需求无法得到满足。农民工的整体居住状况需要政府高度关注，监督和管理好农民工最基本的居住安全和质量问题，防止出现贫民窟和安全事故，是政府的一项重要的公共职能。

第二，越来越多的农民工家庭流入城市，他们对出租房的需求愿望大大增加。在我们调查的农民工中，有超过44%的农民工更倾向于在其务工的城市租房居住。这虽然可能隐含着农民工及其家庭在城市居住成本的提高，但也意味着农民工及其家庭在城市有了自己相对独立和安定的“家”，可以享受相对隐私而温暖的家庭生活。尽管农民工自己独立租房的愿望增强，但大城市住房的市场租金相对农民工的收入来讲仍然较高。政府应关注如何增加大城市中适合农民工租赁的住房供应，政策引导十分重要。

第三，受收入较低而房价较高的影响，农民工在大城市购房能力普遍较弱，在中小城镇购房的意愿较强。一是，农民工的收入虽然有了一定的增加，但平均收入仍大大低于城市居民收入，而且与大城市的房价相比支付能力很弱，他们基本不具备在大城市购房的条件。但与进城定居意愿相吻合的是，愿意回到家乡附近中小城镇购房定居的比重不低。二是，对于在大城市购房，不仅积累足够的资金支付首付款对农民工来讲相当困难，而且由于缺乏工作保障，获得贷款的可能性也很低。三是，农民工群体就业的不稳定性和高流动性对农民工在城市购房决策也有重要影响。所有这些因素决定了农民工在大城市购房难度很大，租房是最好的选择。相对而言，中小城市和小城镇、大城市周边的卫星城镇更有条件满足农民工的购房愿望和能力。

第四，农民工在城里的购房愿望主要出自对子女教育的长远考虑。笔者对北京农民工的调查发现，也有33％的农民工倾向于在城市买房，其中60%的是为子女今后的教育和生活考虑。所以，政策引导农民工在城市落户和居住时，应充分考虑教育资源的开放。

四 解决农民工住房问题的政策建议

满足不断扩张过程中的农民工住房需求，坚持走有中国特色的城镇化道路，体现在住房问题上，就是要实现城乡利益关系的协调发展，要找到使迁徙城镇的农村人口在城市定居下来的适当解决方式。既不能让农民工完全自发解决，任其长期在低劣的环境中居住，将矛盾、风险和问题集中；也不能由政府完全包办，忽略企业和农民工自身的积极性和主动性。政策思路是，针对农民工就业特点、居住意愿和承受能力，政策重点应在中小城市、小城镇和大城市各有侧重。

1. 中小城市和小城镇的农民工住房政策重点配置在购房定居上

中小城市和小城镇是大部分农民工经商务工的第一站，也是许多农民工回乡创业的重点地区；大城市周边的中小城市和小城镇是多数务工农民工的暂住地，也是农民工最熟悉、最容易融合的地方。在中小城市和小城镇，把农民工的住房政策重点配置到符合农民工的愿望和实际能力，引导农民工定居，最大限度地减少农民工的盲目流动。中央经济工作会议提出的“促进大中小城市和小城镇协调发展”“要把重点放在加强中小城市和小城镇发展上”“放宽中小城市和城镇户籍限制”等一系列政策，将为农民工定居中小城市和小城镇创造最为有利的条件。具体建议包括以下三个方面。

第一，廉租住房和经济适用住房等城镇住房保障政策应在中小城市和小城镇对农民工全面开放。地方政府应将农民工的住房需求纳入中小城市和城镇的住房保障规划，中央和省级住房保障补助资金相应配套支持。

第二，设立专项启动资金，实施农民工宅基地与商品房的互换。农民工宅基地和商品房互换可由农民工输出地的中小城市和城镇的政府组织实施，形成城乡住房资源的联动机制。政府可以将农民退出的宅基地复垦或纳入建设用地指标转让，所得资金用于补偿退出宅基地的农民，即凡在城镇定居购房的农民工均可退出宅基地并得到补偿。把农民工在中小城市和小城镇购房与农村住房退出和盘活相衔接，可以促进农村住房和宅基地资源的合理流动和充分利用，减少宅基地的闲置和浪费，实现农民工宅基地的财产功能，放大农民工在城市购房的支付能力，促进农民工在城镇永久定居。退出宅基地的农民工仍可自愿保留农业户口和农业承包地，保证不降低农民工已有的保障水平。

第三，教育资源应在中小城市和小城镇对农民工无条件开放。将农民工子女义务教育纳入当地教育发展规划，列入教育经费预算，保障农民工子女平等接受义务教育。满足农民工对子女教育的需求，激发和带动农民工家庭在城镇创业和定居。

2. 大城市的农民工住房政策重点应针对薄弱环节，集中资源应对风险集中易爆发的潜在危机

大城市人口多、房价贵、生活成本高。受收入的限制，农民工在大城市购房难度很大，改善居住条件、便宜租房是他们的最大愿望。在大城市，农民工数量较多，形成了大分散、小集中的居住形态，虽然农民工遍及城市的各个角落，但又相对集中地居住在工地工棚、集体宿舍、城乡结合部和城中村地区。在大城市，政府的政策应重点保障这些区域农民工的居住安全，帮助他们改善居住环境，避免贫民窟现象和公共危机的出现。具体建议如下。

第一，大城市的公共租赁住房向农民工开放。租房是农民工在大城市最可行的居住方式。由于大城市本身的住房保障压力很大，廉租住房和经济适用住房等保障性资源在满足本地常住居民的前提下，可对居住满一定年限的农民工提供。公共租赁住房介于保障房与市场商品房之间，政府的财政支持有限，更多的是调动租房者自身的能力，公共租赁住房应完全向有支付条件的农民工开放。

第二，针对农民工租住公共租赁住房，可以制定专门的“先租后买”的住房政策。政府和租房的农民工持有共有产权，锁定房价上涨风险，农民工先期可以租房，按能力逐步购回全部产权，以此激发农民工在城镇购房定居的积极性，鼓励有条件的农民工在城镇长期定居。

第三，从政策上鼓励大企业建设符合卫生安全标准的农民工宿舍。大城市的大型建筑业企业和制造业企业较多，吸纳了大量农民工就业，政府要加强监管，保证农民工居住场所符合基本的卫生和安全条件。城市政府可通过土地、税收等政策鼓励企业特别是用工量大的企业，在符合规划的前提下，为农民工建集体宿舍。在强化企业责任调动企业积极性的同时，政府还要负责制定规则并监督实施，包括制定集体宿舍的最低建设标准，加强建设和使用监管，确保农民工居住安全。

第四，加强对城乡结合部和城中村农民工聚居地区的规划、建设和管理，提高公共基础设施保障能力。加大力度推动公共交通和轨道交通向城外延伸，增加商业配套设施，为农民工的出行和生活提供便利。

第五，有条件的城市和单位将农民工纳入住房公积金体系，允许住房公积金用于农民工购买或租赁自住住房。

秦　虹

2016年11月

目　录

CONTENTS

第一章 城镇化背景下移居城镇农民住房问题的提出和探索

本章首先介绍了本书的研究背景和研究意义，在对有关概念进行比较的基础上对研究对象进行界定，并对国内外已有的相关研究进展进行综述。

（1）从研究背景看，中国城镇化过程中的“隐性城市化”问题日益突出。亦即农村劳动力在非农化过程中未能实现地域转移，或者虽然实现了地域转移，但其农民身份并未改变。从长远看，不解决移居城镇农民的定居问题，将会阻碍中国城镇化取得实质进展；从现实看，当前农民工住房问题和城镇化过程中因“农转非”“村改居”被动转为市民的农民住房问题日益显现，亟待解决。

（2）从研究意义看，解决城市新移民住房问题是推进城镇化、实现城乡协调可持续发展的必然要求，是实现社会安全有序发展的重要保障，是构建和谐社会的重要组成部分，有利于延长和持续享有人口红利。

（3）从研究对象看，移居城镇的农民住房问题，主要指从农村流入城市的人群的住房问题，包括农民工住房问题和通过“农转非”“村改居”等形式进入城镇的农民住房问题。为了与一般意义的“城市移民”相区别，“移居城镇的农民”可称为“城市新移民”。

（4）从研究现状看，初步得到如下主要结论：关于居住模式，包括混合居住模式和聚居模式两种；关于住房来源，包括企业提供、租赁私房、自行搭建、政府统建、自购住房、城市居民家中提供，以及廉价旅馆或招待所等；关于城市移民住房特性，主要是大分散、小集中，以租赁居住为主，住房面积小，居住条件差；关于城市居住空间分布特征，大多位于城乡结合部的农业区域，城市中未开发地区，火车站、汽车站等城市交通中心周围，市中心商业区附近。

第一节　城镇化发展与移居城镇农民住房问题的提出

一　我国城镇化过程中移居城镇农民住房问题日益突出

1. 城市化的必然趋势和“隐性城市化”的隐忧

一方面，早在2000年，美国经济学家、诺贝尔经济学奖获得者斯蒂格利茨（Stiglitz）就断言：影响21世纪人类社会进程两件最深刻的事情，第一是以美国为首的新技术革命，第二是中国的城市化。中国城市化是农村剩余劳动力和人口向城市转移的必然。即使国家投入大量的财政支持，由于生产资料价格的上涨，以及劳动力成本的上升，农业土地如果不集中、不规模经营，大量的家庭小农经济因分摊成本越来越高，迟早要大规模和持续地破产。其挤出的人口和劳动力，实际上就是表现为农村剩余的劳动力和向城市转移的人口。

另一方面，中国城市化过程中的“隐性城市化”问题日益突出。“隐性城市化”是指，农村劳动力在非农化过程中未能实现地域转移，或者虽然实现了地域转移，但其农民身份并未改变。这主要体现为我国农民进城打工的问题。当前我国的城市每年为2亿多农民提供工作机会，而且，这种农民工大规模在全国范围内流动的现象在短期内不会消失。这就导致两个问题：第一，农民工长期在城市工作，为城市和企业做出贡献，但他们除了得到一份工资收入外，享受不了一般市民和企业职工的福利待遇，诸如农民工的住房、医疗、养老、培训、子女受教育等本属于劳动成本的支出是由农民工自己或中央政府、地方政府来承担，从长远来看，这会阻碍城市化取得实际进展；第二，尽管取消户籍制度限制对于农村富余劳动力向城市转移是必要的，但农民移居城市面临的更大困难是其在城市中的“生存风险”，即一家人究竟能不能在城市生存下来。如果对这种风险没有把握，农民工不会轻易脱离农村，而宁愿继续目前这种外出打工生活的方式，这同样会影响城市化取得实际进展。

2. 拉美快速城市化中的贫民窟现象值得我们警惕

拉美城市化是在相对短的时期内实现的。有资料显示，欧洲城市人口比重从40%提高到60%经过了50年，而拉美国家仅用了25年。20世纪30～70年代是拉美国家进口替代工业化时期，也是城市化加速发展的时期。1920年拉美地区城市人口比重为22%，1950年达到41.8%。1950～1980年，拉美地区总人口增加了1倍，而城市人口却增加了4倍。20世纪80年代初，拉美已经是城市占主导地位的地区；80年代末，除中美洲的少数国家外，主要拉美国家的城市人口比重都超过一半。不仅如此，拉美还成为发展中国家中城市化水平最高的地区。1980年拉美城市人口占总人口的64%，1990年占71.9%，1997年占77.7%。2006年，拉美地区平均城市化率已达75%，部分国家已超过80%。联合国预计，2025年拉美城市人口将占总人口的85%（胡加齐和郝云甫，2006）。

拉美国家在快速城市化过程中产生的贫民窟现象值得警惕。由于拉美国家城市化率高，人口过分集中于大城市，城市就业问题又解决得不好，结果产生大量城市贫困人口。这些贫民买不起住房，大都在城乡结合部自行搭建简陋住所，逐渐形成大规模的贫民窟。2001年，拉美城市贫民窟居民达到1.27亿人，占城市人口的1/3。一些大城市（如墨西哥城、里约热内卢、加拉加斯、利马等）都被大片贫民窟包围。更严重的是，这类地区往往是法律管不到的地方，黑恶势力横行，各类犯罪活动猖獗。贫困人口在大城市大量集中，也是拉美国家容易发生社会动乱的重要原因之一。这是我国城市化发展中必须警惕的现象。

3. 当前农民工住房问题亟待解决

根据国家统计局2012年农民工统计监测调查，据抽样调查结果推算，2012年全国农民工总量达到26 261万人，比上年增加983万人，增长3.9%。其中，外出农民工16 336万人，增加473万人，增长3.0%。住户中外出农民工12 961万人，比上年增加377万人，增长3.0%；举家外出农民工3375万人，比上年增加96万人，增长2.9%。本地农民工9925万人，比上年增加510万人，增长5.4%。

大部分农民工在城市的居住条件很差，合伙借住或租住于设施简陋、环境恶劣、空间狭窄、房租便宜的临时住房，聚居在城乡结合地带或城中村。由于没有相对稳定的、适于家居生活的住所，数以亿计的农民工不断地在城乡之间流动，过着候鸟式的生活，很难真正在城市留下来，变为市民、融入城市生活。这种仅仅流动而非迁移的农村剩余劳动力转移模式使我国城市化的推进速度明显乏力，农民工的身心健康、生存发展、心理归宿、子女教育等权益难以得到保障，城乡经济社会的协调可持续发展也受到很大制约。

因此，既要提供公平的政策环境，又要积极探索思路，为农民工在城市的务工生活创造必要的住宿环境，同时让一部分有条件、有意愿的农民工在城市留下来、住下来，这是一个有现实困难，却又亟待解决的基本问题。

4. 城市化过程中因“农转非”“村改居”被动转为市民的农民住房问题日益显现

在我国城市化过程中，在城市周边和城乡结合部，还有一类通过“农转非”“村改居”等形式进入城市的农民。这些因城市发展而失去土地的农民与城市化第一阶段主动进城打工的农民不同，他们断了回到农村重新种地当农民的退路，变成只能在城市求职的边缘化市民。如果不能得到相应的职业和较稳定的住所，就只能聚集在公共用地、山头、河滩或更远郊区居住，形成类似“新疆村”“浙江村”等农民工集中居住区，且其中有些已发展为具有较大规模的棚户区。

这类被动转为市民的农民住房问题与农民工住房问题也有类似之处，同样值得高度关注。

二 解决移居城镇农民住房问题是我国城镇化发展的客观要求

1. 解决城市新移民的住房问题是推进城镇化、实现城乡协调可持续发展的必然要求

城镇化是我国改革开放以来取得巨大成就的重要推动力，也是今后较长时期保持我国经济又好又快发展、全面实现小康社会的必由之路。1978 年我国城镇人口比重为 17.92%，2007 年达到 44.94%，30 年提高了 27.02 个百分点，成绩有目共睹。但近年来，城镇化进程难度不断加大，其中一个重要原因是农民工难以在工作地留下来，实现安居乐业，而是不断地外出务工又返乡回流。由于农民工不能真正进入城市，大量人口依然滞留农村，农村整体贫困面貌难以改变。而且由于外出务工农民实际已不再适应农村生活，因此，当其年老时，必将面临在城市去留两难的尴尬境地，造成大量的社会问题。从长期来说，随着农民工住房问题的逐步解决和农村人口的留城居住，可以实现劳动力素质的整体提高，有效降低生育率、减少农村人口、提高农村人均土地拥有量，为农村和农业的规模化生产经营创造条件，最终实现农村与城市的协调发展。

有的学者认为，农村留有土地和住宅，农民在城市找不到工作，可以回家安身。从短期看，农民工在城市无法立足而返回农村是给农民工留下的一条“后路”，有利于维护社会稳定。但从长期来看，“三农”问题的解决最终仍要依靠城市化。其原因在于：一是农业的增加值总体所占比例是下降的，农业挤出劳动力和农村人口，在这样一个趋势下，越来越多的农民不可能再回农村；二是现有“80 后”“90 后”等农民人口进城后，即使在城市找不到工作，也很难让他们回农村重新种地；三是农村土地经营规模小而且收益差，与非农业的收益差距越来越大，而且生活资料和农业生产资料相对于农业产品却越来越昂贵，

大部分农民即使回农村，也将难以生存；四是到 2040 年，城镇、城市，以及交通、水利等建设，还需要占用耕地 1 亿多亩[①]，如果不加以控制，会出现相当多的无地和少地农民，并被迫向城市转移。因此，让农民回农村去，实际违反了城镇化和工业化趋势，也是不可能实现的。

2. 解决城市新移民的住房问题，是实现社会安全有序发展的重要保障，是构建和谐社会的重要组成部分

不解决住房问题将影响进城农民定居城市，使他们难以在城市扎根，无法实现进城农民市民化。进城农民由于在城市没有适当的住房，不能在城市安居乐业，仍然很依赖农村，因而像候鸟一样往返于城市与农村之间。每年春节的民工潮，给公安、民政、运输等机构造成很大压力。数量巨大的城市新移民难以有效地融入城市社区，成为摆动在城乡之间的边缘人群。如果中国的城镇化仅仅只是农民工"工棚式、集体宿舍式和简陋租赁式"转移，那么，未来人口在城乡之间、在区域之间流动的规模将越来越大，并且将越来越剧烈，这种钟摆式的流动，导致动荡的概率升高，不利于维护社会稳定。

此外，居住条件的简陋使城市新移民与城市文明隔离，不能尽快融入城市生活中，新老居民容易产生对立，而对立的结果便是导致弱势一方发生道德失范或违法犯罪。在中国大部分城市中，流动人口居住的城乡结合部都被看作是缺乏安全感的。因此，保障进城农民工的合法权益、提高和改善他们的住房质量，是社会公平的重要体现、是构建和谐社会的重要组成部分。

3. 解决城市新移民的住房问题，有利于延长和持续享有人口红利

如果从城市人口红利的角度看，城市以平等的理念服务于新移民，恰恰是最有利于城市的经济发展，最有利于延长和持续享有人口红利的。据专家研究，仅 1983～2000 年，教育负担轻、储蓄率高、劳动力资源充足的人口红利对 GDP 的贡献率就高达 26.8%（童大焕，2006）。但是，这样的人口红利期再过 10～15 年可能就会发生变化。由于计划生育和家庭生育孩子成本的不断提高，出生率呈下降趋势，中国的劳动人口数量可能在未来从增长变为稳定，然后逐渐下降，这意味着中国的人口红利将逐步减少。2015 年党的十八届五中全会提出实施"全面二胎"政策，正是为了从长远解决人口老龄化和人口红利减少问题。

在这种背景下，随着人口城镇化，非户籍劳动力人口大量流入城市，恰恰是对城市养老保障事业的最大贡献。通过把新移民纳入新的保障体系，可以大

① 1 亩≈666.7 平方米。

大提高当前保障基金的缴费水平。政策模拟表明，到 2020 年，比起现行的现收现付制并把农村人口排除在外的体制，养老保障的这种转变将使社会养老负担率下降大约 19 个百分点（傅勇，2006）。

三 移居城镇的农民住房问题包括进城务工农民住房问题和通过“农转非”等形式进入城镇的农民住房问题

1. 有关概念比较

（1）移民潮、移民流和移民。中国出现的移民大潮，是中国社会史上一个非常大的历史性事件，这个移民潮包含着三股移民流。一种是正常的社会流动。实际上中国历来是迁移频率较高的国家，历史上就有闯关东、走西口、下南洋等，到现在中国还是国际上最大的移民出口国、移出国。还有另外两股大的潮流与城市化直接有关：一种是大量的农村人口从农村迁移到各类城镇；另一种是全国各地的人（包括中小城市的居民在内）向大都市的流动。在这个流动过程中，形成了大都市圈，如长三角的大都市圈、珠江流域的都市圈、京津冀都市圈，这其中后两种移民流在一定程度上是重叠的。

传统意义的“移民”概念，在我国一般被用于正式被承认的移民，主要是开发性移民，比如说“工程移民”“水库移民”等。

（2）迁移人口和流动人口。涉及大迁移的人群，不同的概念蕴含着不同的意义。

“迁移人口”是人口学的概念，这个概念认可迁移的事实，指完成了户口的迁移登录的人口。即到了这个地方落实了这个地方的户口，这样的人才被认为是迁移人口。所以统计上的迁移人口，主要是指已经在那个城市落实了户口的人，这些人被承认是新的城市人，比如在上海，人们常说的“新上海人”主要就是指这些人。

“流动人口”一般来说特指那些临时性的人口移动。而在目前情况下，通常使用的“流动人口”概念包括了所有没有办理“户口迁移”手续的人口移动，无论这种移动是短暂的还是长期的。目前急剧增加的人口流动实际上包含着两种主要类型：一种是伴随经济发展而增加的城市功能型流动人口，他们在城市滞留的时间一般较短，这类流动人口的流向由城市功能、城市辐射范围所决定，时间和空间分布相对平衡；另一种就是进入城市寻找工作机会的劳动力，这类“流动人口”规模大，在城市滞留时间长，且流向相对集中，因而产生的社会震荡也更大。后者通常依其户口登记状况被称为“暂住人口”或“外来人口”。这一特殊群体符合人口学研究中人口迁移的基本特征，他们也被看作一种特殊形式的迁移，即相对于“计划迁移”而言的“非正式迁移”，其与计划内迁移的不同主要通过户口登记状况的差异反映出来。由于户口至今仍然在城市社会经济生活中发挥着基础性作用，“非正式迁移”人口无法享受和城镇“正式”居民同等取得生活资料和生产资料的机会和权利，于是形成不同户口状况的移民在就业机会、行业和职业流向、福利与社会保障等多方面迥然各异的移民群体。

（3）城市移民和农民工。与传统意义的开发性“移民”不同，“城市移民”指各种方式流入城市的人群，既包括从农村流入城市的人群，也包括城市与城市之间流动的人群，其中最重要的部分是从农村流入城市的人群。

对于自农村流入城市的人群，人们用得最多的就是“农民工”这一概念。但是，城市移民与农民工在含义上还是有一定区别的，城市移民包含了城市里各种各样的新的居民（包括农民工在内），其范畴要大于农民工。

此外，自农村流入城市的人群还应包括位于城市郊区或城乡结合部，并通过“农转非”“村改居”等形式进入城市的城中村和城郊村农民。尽管他们已经获得城市的非农业户口，但他们迁入城市居住后，跟城市居民享有的就业权利及各种社会保障制度等并不完全相同，也属于“城市移民”范畴。

2. 研究对象界定

在“城市移民”中，最主要的部分是农村流入城市的人群。这部分人群关注的问题与前面所讲的几种概念都不太一样，面临的权益保护问题也最突出。特别是在住房问题上具有特殊性和复杂性，不同于一般普通城市居民的住房问题。

因此，本书所研究的“移居城镇的农民住房问题”，主要指从农村流入城市的人群的住房问题，包括进城务工农民（即“农民工”）住房问题和通过“农转非”“村改居”等形式进入城镇的农民住房问题。为了与一般意义的“城市移民”相区别，“移居城镇的农民”可称为“城市新移民”。

以上有关概念的关系可归纳如图 1-1 所示。

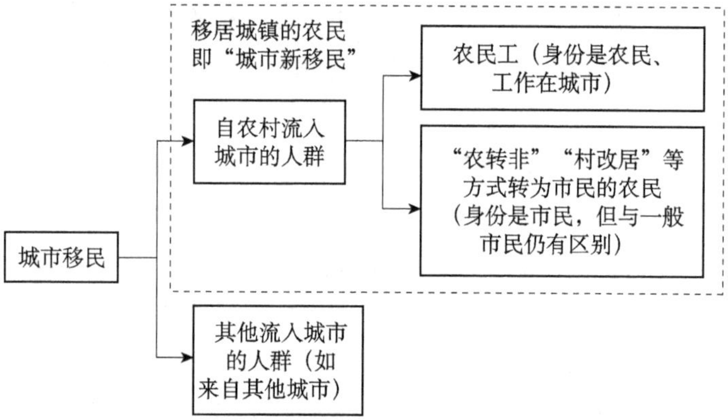

图 1-1　城市移民有关概念及关系

第二节　对移居城镇农民住房问题的研究和探索

一 关于“隐性城市化”和贫民窟的理论研究

1.“隐性城市化”与“半城市化”“过渡城市化”理论

与“隐性城市化”相关的主要有“半城市化”和“过渡城市化”理论。

（1）“半城市化”。部分学者用博拉尼的嵌入（embedding）理论来反观农村流动人口与城市社会的关系，发现农村流动人口虽然进入城市社会，但是他们主要还是在不太成熟的市场层面与城市发生联系，即使在市场层面，他们还只能在城市的“次级劳动力市场”实现就业，而难以进入城市主流劳动力市场（李强，2005）。在 20 世纪 80 年代以来的 20 多年时间里，农村人口进城，一直被当作纯粹的就业者和劳动者，被局限在次级的劳动力市场，大多从事非正规就业，有限地参与城市的劳动分工，没有与城市的社会、制度和文化体系实现有效的衔接，并没有真正融入到城市社会中去。部分学者将这种现象概括为“半城市化”。

当然，“半城市化”是相对于“城市化”而言的。从整合理论看，城市化就是农村人口在城市的一种社会融合。按博拉尼的看法，是经济活动与社会、制度和文化的相互嵌入。也可以说，城市化包含三层含义：一是体系层面的整合，即经济体系、社会体系、文化体系及制度体系四者相互衔接，而不是脱节的，农村流动人口仅仅从经济体系上被接纳，其他体系却受到排斥，不能说是实现了城市化；二是社会层面的整合，即农村流动人口在行动、生活方式等方面与城市居民不存在明显的区隔；三是从心理上认同城市社会，对城市有着归属感（王春光，2006）。由此观之，“半城市化”并没有在三个层面上实现完全的“嵌入”：农村流动人口虽然进入城市，也找到了工作，但是没有“嵌入”到城市的社会、制度和文化体系，在城市的生活、行动得不到有效的支持，在心理上产生一种疏远乃至不认同的感受，处在“半城市化”状态。

（2）“过渡城市化”。即根据外来人口社会融合的不同程度，城市化可分为形式城市化、过渡城市化、实质城市化三个阶段。目前中国农村人口的城市化基本上仍处于集中化和常住化的形态——过渡城市化阶段，远未发展到市民化的实质城市化阶段。

在形式城市化阶段，住房仅仅满足了农民个体初次进城、向城市集中的要求。通过工棚、城中村等形式，进城农民在城市有一个临时的能够遮风避雨的生活场所，不致露宿街头。目前进城农民的住房情况基本上达到了这样的要求。未来结合当前城市化发展阶段的特点，以及城市化不同时期对进城农民住房的客观要求，解决进城农民住房问题大致可以分为两大目标：第一层次目标即目前所处的过渡城市化阶段的目标。住房满足进城农民在城市常住，向城市生活过渡的要求，使进城农民能在城市“立足”，保障他们在城市有一张舒适的床，并逐渐满足进城农民家庭在城市生活的简单住房要求。针对这一目标，国内许多城市实施的民工公寓建设是个不错的开端。第二层次目标即未来所处的实质城市化阶段的目标。住房满足进城农民家庭向城市永久居民转变，并完全融入城市的要求，使进城农民能在城市“扎根”，住房能满足进城农民家庭在城市居住、生活的需要，实现进城农民市民化，并获得和城市居民一样的住房保障。针对这一目标，需要户籍制度等方面的改革，逐步使进城农民和城市居民享有同等住房保障，建立覆盖进城农民的完善的城市住房保障和供应体系。

2. *贫民窟现象与主要结论*

许多发展中国家的城市普遍存在高迁入率、贫穷和贫民窟现象。联合国人口司（2011）的报告指出，发展中国家正高速城市化。由于不断增长的乡城人口迁移和高生育率，未来30年，95%的世界人口增长将发生在不发达国家的城市地区，这些地区的人将由2000年的20亿上升到2030年的约35亿。贫困人口的重心也将由农村转移到城市，即出现贫困人口的城市化现象。人口密度的增加以及贫困、资源匮乏导致城市贫民窟的扩张。

20世纪20年代以来关于城市贫民窟的研究一直是社会科学家关注的题目

（Anderson，1928；Protes，1972；Ulack，1976，1978；Peattie and Aldret-Haas，1981）。有的学者指出，贫民窟通常是农村人口迁往城市的第一个目的地，认为选择居住贫民窟是这些迁移人口的理性行为，因为新近流向城市的农民多数缺乏培训和技术，很难马上获得稳定的工作和收入，其生活方式和习俗也往往遭到当地人的歧视，难以融入城市社区，只好聚集在贫民窟。有的学者认为，贫民窟的存在具有积极意义，它为新移民提供了一个调整和适应的场所（Abu-Lughod，1961）。总而言之，多数学者认为，贫民窟扩张是不发达国家农村人口向城市迁移过程中不可避免的现象。

从这些研究中可以总结出两个论断：①贫民窟现象是农村人口向城市快速迁移的后果。迁移速度越快，贫民窟越普遍；②多数乡城迁移人口首先流入贫民窟，因此其住房状况比当地城市居民差。这两个论断在不少研究中得到证实，已成为不发达地区城市化和迁移研究的重要前提。

然而，也有少数研究得到不同的结论。例如，对马尼拉迁移人口与当地居民住房状况对比的一项研究指出，迁移人口居住在贫民窟的比例并不比当地居民高（Hendershort，1978）。另一项在菲律宾的中等城市卡加延德奥罗（Cagayan de Oro）的研究也显示，新近流向该市的农村人口并没有聚集在或隔离在贫民窟社区（Costello，1987）。但这两项研究存在一定的局限，正如其文章作者所指出的，它们只代表特殊个案，其结论不一定适合其他地区。例如，卡加延德奥罗的乡城迁移人口中有很高比例的年轻女子，在当地居民家中充当佣人，或投宿在亲戚家中；而马尼拉研究中所采用的住房质量定量指标也存在一定问题，而且样本的代表性不好。尽管如此，这些个案研究的结果表明，被广泛认同的所谓“乡城迁移人口导致贫民窟扩张”的理论值得进行进一步的讨论。

二 关于城市新移民住房状况的调查分析

1. 部分机构组织的调查

原建设部（2004）根据对全国农民工进行的调研情况，形成了一份针对农民工居住现状的报告，指出农民工居住的形式主要包括个人租赁、用人单位解决、居住在经营场所和投亲靠友、政府引导协助解决、村镇和街道等集体组织统一建设居住点、开发商投资建设，以及个人购买七种方式。其中，前两种占的比重最高，分别为60%和30%；第三种约占5%；其余四种的比重均为1%左右。

国家统计局（2006）对全国农民工的生活质量进行了调查，结果显示：农民工获得用工企业住房补贴的比例约为 7.58%，有住房公积金的为 4.76%；有 29.19% 的农民工居住在集体宿舍里，有 20.14% 的人居住在缺乏厨卫设施的房间里，7.88% 的人居住在工作地点，6.45% 的人居住在临时搭建的工棚里，还有 12.54% 的农民工在城里没有住所，只能往返于城郊之间，或回农家居住。在住房意愿方面，有 19.62% 的农民工最希望政府在住房和医疗保障方面给予帮助，有 55.14% 的农民工设想未来在城市发展、定居。农民工居住质量极差。近 40% 的农民工居住在工棚或集体宿舍里，地方狭窄拥挤，室内肮脏零乱，除了被褥衣物，几无他物，其中 14.29% 的农民工对住宿条件最不满意。

国务院发展研究中心农民工城市贫困项目课题组（2007）基于对广州、北京、南京、兰州四城市的问卷调查数据，以及在广州、亳州和西安等地的实地考察，对这些城市的农民工在城市中的居住状况进行了较为详细的考察，同时建立模型分析了影响农民工租房选择的因素、农民工对租房的潜在需求、农民工购房能力及农民工宿舍的居住条件。该课题报告指出，四个城市平均来看住在集体宿舍和租房居住的比例分别占到 49.2% 和 40.2%，这同 2004 年建设部的研究有一定的出入。不论是集体宿舍还是农民工个人租房，四城市中广州的居住条件最好，而且该报告还从居住人数、房间设施等方面进行了比较。该报告还通过回归分析研究了农民工的租房决定因素和潜在的租房需求，得出的结论是许多农民工想拥有个人空间，但由于经济因素，租不起离工作地点较近的房子，只能姑且居住在集体宿舍里；大部分农民工仍然和工友们租住在一起，说明他们很难融入城市的社会环境；农民工租房的两个重要影响因素是可负担性和离单位的远近。

国务院研究室（2005）也对大城市农民工人均住房面积作了调查，其中上海市人均使用面积不到 7 平方米的占 47%，8 ～ 10 平方米的占 29.8%，农民工的人均居住面积不及城市常住人口水平一半；深圳市农民工人均住房使用面积为 6.8 平方米，其中居住在集体宿舍的人均面积仅为 5 平方米。

成都市房产管理局课题组（2006）认为应当通过多种途径解决农民工住房困难问题，其中，廉租住房、经济租赁房和政府统租房是主导形式，另外，可以通过放宽二手房信贷等手段鼓励农民工购买产权。他们提出针对不同行业应采取有针对性的解决方案，其中，建筑业的重点是制定工棚的标准，餐饮业主要是对集体宿舍进行规范等。

上海市房地产科学研究院课题组（2008）通过调研，归纳出农民工住房现状有如下特点：一是居住形式以租赁为主，农民工租赁住房的比例占到总样本的86.8%；二是居住面积小、居住环境差，租住房屋的面积大大低于当地居民的平均水平，有56.7%的农民工其人均租住房屋的居住面积小于7平方米；三是农民工主要集中租住于地理位置偏远、生活设施条件差的城郊结合部；四是住房满意度不高，农民工希望改善居住条件，只有35.59%的农民工对目前的居住条件表示满意；五是农民工在城市居住时间有长期化趋势，对于在城市就业时间的调查以及对继续在城市工作的意愿调查显示，有41%的农民工已经在城市就业超过4年，而90%的农民工都希望继续在城市工作。

重庆市工商业联合会（2005）在《重庆市城市自营劳动农民工现状调查报告》中对自营劳动农民工的住房情况进行了调查，农民工租房消费人均每月50～100元，多数是几个人合租一套房，生活配套设施极为简陋，约有10%的农民工没有自来水，70%的没有天然气，71%的房间里没有卫生间，60%的没有独立厨房。

2. 部分学者的调查

蔡禾（2005）承担的国家社会科学基金课题“城市化进程中的农民工问题研究”，曾经就广东省农民工居住情况做了一系列的问卷调查，并对他们在城里找到工作前和工作中的情况进行了对比。租赁是农民工解决住房问题的最主要手段，而且调查中发现半数的人（49.5%）都租住在村镇的私人出租屋，有82%的农民工选择与他人合租，其中家人成为大部分人的首选对象。另外，该课题还对比居住工棚或集体宿舍情况来研究农民工的租房行为，认为不论哪个年龄层次的人，其外出租房主要出于“生活便利”（45.7%）的考虑以及为了“能和家人朋友住在一起”（37.8%），而随着年龄的增长，其租房原因体现了更多的“生存逻辑”。在居住条件方面，如果对设施水平进行打分，30分为满分，则平均分为9.78分，其中有超过1/4的农民工分数在5分以下。

朱明芬（2007）在《杭州农民工融入城市社会的现状调查及保障机制研究》中对杭州市农民工融入城市社会生活的情况进行了调查。农民工主要居住在外来流动人口比较集中的城郊结合部，以租房为主。杭州农民工主要通过租住城中村的农民出租房来解决住房问题，这一比例高达62.3%，居住在企业（公司）的集体宿舍里的占15.8%，居住在建筑工地工棚里的占16.0%，租住居民房的占4.7%，还有少部分农民工寄居于店铺工具间、医院病房（作为陪护）等工作场所。对住房条件表示满意的农民工仅占15.2%。在租房的农民工中，认为房租太贵的占30.1%，认为居住地脏乱差的占29.7%。而对于解决住房问题的意愿，他们希望：建设民工公寓（76.2%）；企业多建集体宿舍（75.4%）；政府为农民工提供廉租住房；让农民工享受住房公积金，并有资格购买经济适用住房（19.7%）。在住房条件选择方面，排在绝对重要位置的当然是租金低廉，其次是治安的好坏（59.3%），再次是交通方便（47.5%），当然也有大量的农民工希望能够规范出租房的管理（马万里和陈玮，2008）。

饶晶（2008）调查了2007年武汉市农民工的居住现状，主要特征包括，居住分散和小规模集中（主要是集中在城中村、居民或单位闲置房，以及建筑工地等城市角落）。其中，选择个人租房和寄居亲友、宿舍、工棚的比例分别为52%和46%，在租房的农民工中，租住私有房屋的占75%。另外，居住条件相对恶劣，其中人均住房使用面积仅有2.5平方米，最大的为3.45平方米，最小的仅有2.15平方米。对于形成农民工住房问题的原因，饶晶认为，主要体现在公积金制度的局限性，住房公积金覆盖低，难以满足农民工流动性的特点；廉租住房和经济适用住房福利固化，保障资金不足，难以覆盖农民工。

三　关于城市新移民住房状况的研究探讨

近年来，部分学者和机构对我国城镇过程中迁移人口和流动人口的住房状况进行了研究和探讨，有关结论综述如下。

1. 关于流动人口的居住模式

（1）混合居住模式。指以混合居住的方式进入城市居住区，在这些居住区中各种社会、经济层次的人都有。采用这种居住模式的大多是受雇于城市家庭的或为城市居住区服务的第三产业从业者，也包括部分租用城市民房的自我雇佣者，成为雇主的个体商贩和受雇于他人的打工者，多为单身户和家庭户。这一部分人口所占流动人口比重较小。采用混合居住模式，流动人口能够与城市居民充分接触，并在交往的过程中被城市文化所影响，在生活习性、行为准则等各方面被同化，与城市居民融合相处。

（2）聚居模式。包括流动人口聚居区和政府提供的流动人口安置区等。流动人口聚居区主要指流动人口以聚居的方式进入城市旧城区、城市中的农业区域或前农业区域，多为自我雇佣或成为雇主的个体商贩和受雇于他人的打工者，以及拾荒者等无业人员，一般出现在大城市的边缘地区，以家庭户和集体户的家庭结构存在。部分聚居区成员来自同乡同县同省，具有强烈的地缘特性或亲缘特性，同质性强，容易导致具有特色的亚文化社区的形成（如北京的“浙江村”“新疆村”，以及国外的“唐人街”“中国城”等），但与周围城市缺乏交流，不易被城市同化。企业提供的员工宿舍和政府提供的流动人口安置区人口来源混杂，彼此之间缺乏广泛的交流和联系，但由于居住地集中，有利于创造一个易于控制的工作和居住环境，受到政府和企业的欢迎。

2. 关于流动人口的住房来源

国务院研究室、国务院发展研究中心、劳动和社会保障部、农业部、国家统计局、浙江省农村工作办公室、山东省委政策研究室等联合撰写的《中国农民工问题研究总报告》认为，目前中国农民工住房问题的解决主要有三种形式：一是农民工自行租赁；二是由用人企业提供；三是居住在工作场所。据建设部门估计，租房比例约为60%，用人单位提供住宿的占30%，自购房的不足5%，以投亲靠友及其他方式解决住房的占5%。此外，农民工居住方式与所从事职业有很大关系。制造业和工矿企业的农民工，一般交纳少量住宿费，居住在企业提供的集体宿舍；建筑行业的农民工，一般居住在企业免费提供的简易工棚，有些居住在未竣工的房屋中；从事批发零售业的，收入相对较高且较为稳定，一般独自或与人合租城乡结合部农民房或城中村的房屋，个别的购买商品房或二手房；从事浴室、餐饮等工作的，一般居住在工作场所；从事家政服务的，一般居住在雇主家中或自行租房居住。

通过对北京、上海、南京、广州等大城市的调查，发现流动人口的住房来源是十分有限的（表1-1）。

表1-1　四大城市流动人口有限的住房来源　（单位：%）

住房来源	北京	上海	南京	广州
出租屋	39.6	38.5	13.9	41.4
单位内部	21.4	15.6	11.4	27.0
施工现场	29.3	17.8	13.4	10.1
居民家中	3.9	12.1	12.0	8.4
旅馆	1.3	4.7	38.9	10.3
其他	4.5	11.3	10.4	2.8

资料来源：曾媛 . 2003. 发达地区大城市流动人口居住状况与规划对策 [D]. 重庆：重庆大学硕士学位论文

根据对不同研究报告和文献的归纳，总体来说，流动人口的住房来源有以下几种。

（1）企业提供。约有一半的流动人口居住在企业提供的宿舍中（包括单位内部住房和工地现场）。这类宿舍往往居住环境较差，只提供基本的床位、公共厕所，住房的通风、采光等条件也较差。从事第二产业的流动人口一般居住在工厂区里，没有专门的生活配套设施，而且一般距商业中心较远。

（2）租赁私房。大部分人租住个人的私房，而其中相当大比例是租赁农民私房，多位于城市中和城乡结合部。由于流动人口租房的市场很大，受经济利益的驱使，当地居民经常突破政府规定的建房标准，违法加建扩建私房，建筑密度和容积率严重超标，大量空地、绿地甚至农田被蚕食，住宅的日照通风条件恶劣，交通条件和基础设施落后，同时严重影响城市景观。严重低下的居住质量使这些地方往往成为藏污纳垢之所，并由此引发一系列社会问题和治安问题。

（3）自行搭建。在管理薄弱的城市角落或边缘，部分外来人口利用简单的建筑材料自行搭建简易房。这部分人大多以务农经商为主，且往往按经济活动的专项集结。违章建造的住房空间分布拥挤杂乱，质量低劣，更不具备相应的基础设施。这些违章建筑影响城市景观和城市管理，同时也是犯罪和疾病传播的滋生地。

（4）政府统建。由于意识到集中管理流动人口居住问题的重要性，政府利用规模适宜的发展备用地建设临时性的流动人口安置区。安置区以统一建设、统一管理为开发原则，并为流动人口提供一定的配套设施，成为大部分流动人口住房的首选。但由于城市用地的局限性，安置区数量较少，只能解决少部分人的居住问题。设置流动人口安置区是政府引导解决城市流动人口居住问题的主要方式。我国许多经济发达的城市，如北京、上海、南京、昆明、广州、深圳等城市都修建有此类住房设施。

（5）自购住房。部分高收入的流动人口选择自购住房，购买住房还可以通过购房入户来解决户口问题，但由于流动人口的经济条件无法承担高昂的购房费用，因此自购住房的流动人口比例极少。

（6）城市居民家中。这主要是雇佣于城市家庭的保姆和城市居民的亲属，某种程度上参与了城市居民生活，居住条件相对较好。

（7）廉价旅馆或招待所。这是为短期停留的人服务的场所，如深圳有一种仅提供出租铺位的“十元店”，居住条件比较差，同时由于人口流动性大，管理又跟不上，居住不安全。

如上分析，居住问题是农民工在城市生活遇到的最基本问题之一。农民工住房问题上的突出矛盾主要表现在两个方面：一是大部分城市的房租水平大大超过农民工的经济承受能力，农民工难以找到合适的住房，大多只能租住城市郊区以及市内条件较差的房屋；很多住房包括部分用人单位提供的住房，不仅普遍居住拥挤，而且缺乏必要的安全和卫生等设施，这不仅给农民工生活带来很多不便，而且在防火设施、流行病预防等方面存在隐患。二是城乡结合部和城中村由于房租低，利于居住和谋生，生活方式和生活习惯上易于融合，成为农民工主要的自发聚居区，但大量农民工在这些地方聚居，公共设施不足、违章建筑多，给城市管理和社会治安带来较大压力。

3. 关于城市移民住房的特性

据有关学者调查研究发现（严晓东，2007），虽然越来越多的移民家庭在城市定居，但是他们依旧被排除在住房改革制度之外，不能在城市住房分配制度的改革中获益，也没有机会获得经济适用住房和住房公积金，被排除在廉租住房制度之外。因此，城市移民住房本质上具有临时居住的特性。

（1）大分散、小集中。主要聚居在城中村或城乡结合部。由于正常市场供应渠道不能满足进城农民的住房需求，各种非正常的包括非法的住房供应就找到了市场，由此引发了城中村及其他违章建筑泛滥的问题。在一些城市的城郊结合部或者繁华市区内，形成了聚集外来民工进行生产、生活的特定区域，如北京的“浙江村”“安徽村”“四川村”以及广州的“石牌村”“瑶台村”“三元里村”等。

（2）以租赁居住为主。工厂宿舍、出租房及建设工地是进城农民的主要居住地。为了在城市安顿下来，大部分流动人口家庭不得不租住在城市居民出租或转租的房子里。据调查，有 95% 以上的流动人口租房居住。在上海，外来人口约有 73.5% 租赁房屋居住，其次为居住在宿舍、工棚，占 18.7%，二者合计约占 92.2%。

（3）住房面积小。从住房面积上看，城市流动人口住房面积普遍较小，远低于城市户籍人口的住房面积水平。据对上海和北京流动人口的住房专项调查，多数流动人口人均住房面积不到城市居民人均住房面积的 1/3。在深圳，许多外来工人均居住面积只有 5 平方米，在工厂宿舍居住的流动人口平均是 7.5 人共用一间住房，非常拥挤。对武汉市民工住房的调查资料显示，民工人均住房面积平均只有 2.5 平方米，90% 的民工住房没有自己单独的厨房和卫生间。

（4）居住条件差。流动人口住房大多房屋建筑密度大、容积率高、通风和采光条件不理想、户型设计落后。北京市流动人口家庭住房内无厨房的占 59.4%，炊事燃料使用煤炭的占 38.1%，无洗澡设备的占 82.3%，无厕所的占 66.8%。长沙市 35% 的民工住房是违章建筑和危房，18% 的民工住房则是简易的临时工棚。这些危房，对民工人身安全造成隐患，也为城市的发展造成障碍。

4. 关于流动人口城市居住空间分布特征

（1）大多位于城乡结合部的农业区域。一是这些区域由于有大量低廉的私房出租，流动人口在这里比较容易租到便宜的房子；二是这些地方大多数位于城市近郊地区，是城市的生长区域，城市活动异常活跃，本身就能给流动人口提供大量的就业机会；三是与城区结合紧密，有便捷的交通联系，也使得一些从事与城市有密切联系的工作的流动人口，包括农贸市场的小商小贩，进行服装、五金、小百货加工的雇佣生产者，从事商业、餐饮业的个体工商业者等选择在此居住；四是这些区域对流动人口具备较大的吸引力，还在于这些地方多为农村私房，在文化习俗、生活习惯等方面较城区更易融入。此外，城区在土地使用、管理政策方面的排斥也促使流动人口选择了管理相对松懈的城郊农村。

（2）城市中未开发地区。主要包括以下一些地段：①城市中过去或者目前的农业区域（通常称之为城中村）。城乡交界处规划编制的粗放、政府吸引投资的迫切、投资主体对“效益最大化”的追求综合作用，使得投资方在征地过程中总是优先选择那些征地费用低廉、适于成为建设用地的农田菜地。对于那些居住密度大、拆迁安置费用相对较高、建设周期较长的居民点，投资方只能通过经济方式与村镇协商，对于土地出让中经济补偿数额的多少，双方并非总能顺利达成一致，为降低补偿成本，也为了避免处理与这些居民点相关的一系列复杂的社会管理问题，城市在征地中有意避开这些地方，而这些地方也乐意保留原有的居住方式与社区关系，成为城中村。②城市中未进行旧城改造的区域。包括：交通轴的效益衰变规律形成的未开发区域；受技术经济“门槛”限制的区域；政策法规或技术规范的控制区域，如城市防洪淹没区、基本农田保护区、机场净高控制区等。以上这些地区居住环境相对恶劣，高收入居民纷纷搬离此地，将旧住宅出租给流动人口，低廉的房租、与城市联系的紧密性、便捷的交通，以及管理的相对松懈吸引更多的流动人口到此居住，而相应的则导致居住环境的更加恶化。

（3）火车站、汽车站等城市交通中心周围。火车站、汽车站周围由于交通便利，有利于便捷地到达工作地点，同时这些地方人流、物流集中，经济活动频繁，也给流动人口提供了大量的就业机会，吸引大量的流动人口汇集于此，或租用当地民房，或自建棚户，形成一定规模的流动人口集聚地。

（4）市中心商业区附近。在商品经济日益发达的社会，以商业、服务业等第三产业为主导的市中心商业区发展势头迅猛，而第三产业一般属于劳动密集型产业，对劳动力的吸纳量很大，因此吸引大量流动人口的汇集。市中心商业区是城市中最繁华的区域，相对于农村在就业、收入、文化生活、社会地位等物质和精神方面的优越性，对从农村来的流动人口产生着不可抗拒的拉力。特别是随着经济收入的提高，基本需求层次也在逐步提高，一部分流动人口已经不满足于物质性需求、渴望城市文明的熏陶，这种要求也驱使这些流动人口选择尽量接近市中心商业区的地段居住。

第二章 城市移民住房问题的国际经验教训和方法借鉴

本章主要对现有城市移民住房问题的国际经验和教训进行归纳分析，并提出对我国的借鉴意义。尽管城市新移民的住房问题是我国城市化过程中的独特现象和问题，与国际情况并不能进行直接简单的对比，但是，国外在城市化过程中出现的贫民窟问题（不论是发展中国家还是发达国家）及解决思路，对我国仍有相当重要的借鉴意义。此外，苏联“城市农村化”的教训对我国城中村、城郊村实施“农转非”“村改居”也有一定的借鉴作用。

（1）贫民窟现象是国外发展中国家和发达国家在城市化过程中出现的共有问题，是一个普遍的规律性现象。其基本形成过程是：农村人口在短时间内集中流入城市导致城市化率过快增长；经济发展和就业岗位跟不上城市人口增长导致失业和贫困现象严重；正规住房建设跟不上城市人口增长导致贫民窟出现；基本公共服务跟不上城市人口增长导致自然、社会和生活环境恶化。

（2）对于贫民窟现象，基本所有国家和政府都有一个认识过程，从忽视到重视、从排斥到接受，呈现整体上的进步过程。

（3）各国在对待贫民窟问题上在不同阶段采取了不同的做法，基本措施包括：直接措施（清除贫民窟、对贫民窟进行升级改造等）和间接措施（对低收入住房困难群体给予资金补贴等）。历史上已经完成城市化的发达国家和部分发展较快的新兴工业化经济体，主要采取重新安置或者清理后重新开发的“清除政策”。发达国家的做法已经转变为中央政府提供资助，主要用于房屋建设和租金补贴，并以租金补贴为主。

（4）必须重视俄罗斯（苏联）在快速城市化过程中的教训。简单地将农业区直接转为城市并不能实现真正的城市化，农民直接进入城市并不意味着真正成为市民，快速城市化过程必须重视同步实现农民市民化。

（5）治理贫民窟需处理好城市土地权益问题。部分发展中国家的做法是：一方面，从贫民“非法占用土地”到政府逐步承认其合法，即所谓城市接受、规范化、社会吸纳；另一方面，如果政府不加区别地承认非法占用土地的合法性，则有可能鼓励更多的非法占用土地的现象，并导致城市规划难以完全实现。

（6）“先租后买”可能是解决城市新移民住房问题的可行途径。

第一节 国外贫民窟和城市农村化的教训

一 贫民窟——拉美城市化进程中的住房问题和教训

贫民窟现象是国外发展中国家和发达国家在城市化过程中出现的共有问题，其中以拉美地区最为典型。

1. 农村人口在短时间内集中流入城市导致城市化率过快增长

拉美国家城市化进程的主要特点就是快速城市化。一是城市人口快速增长。1950 年南美大陆总人口 1.1 亿，农村人口 6430 万；1998 年拉美地区人口总量已达 5 亿，农村人口反而有所减少，只有 6300 万。拉美国家虽然也存在城市间的移民，但农村向城市的移民占绝大多数。其原因包括：城市的条件比农村好，有相对较高的工资、有较多的工作机会、有较好的服务设施和较大的市场潜力，可以得到较好的社会服务等。二是城市化率快速增长。20 世纪 80 年代以前，拉美的城市化率低于北美、欧洲、大洋洲；80 年代后，拉美城市人口继续快速增长，1990 年超过了欧洲，1991 年又超过了大洋洲。2010 年，拉美城市化率为 79.6%，成为世界上城市化率第二的地区：仅次于北美的 80.7%，高于欧洲的 72.8%、大洋洲的 70.2%、亚洲的 39.8% 和非洲的 37.9%（郑秉文，2011）。

拉美地区快速城市化导致农村人口在短时间内集中流入城市，超过了城市承载力，由此带来严重的城市病问题。以巴西为例，自 20 世纪 60 年代以来，巴西城市人口以每年 5% 以上的速度递增。但城市基础设施和公共服务没有跟上，发展没有能力为迅速增加的外来人口解决住房和基本服务，造成城市化过程的混乱。

2. 经济发展和就业岗位跟不上城市人口增长导致失业和贫困现象严重

拉美城市化速度明显快于工业化和经济发展水平。从城市化率与工业化率之比看，世界平均数不到 1.5%，拉美超过 2.5%。这就导致农村人口集中大量流入城市后，城市经济发展创造出的就业机会满足不了不断扩张的城市人口的就业需求。大批农民进城后由于缺乏知识和技术，很难找到工作，导致失业率居高不下，高的失业率又导致城市贫困人口的增加。20 世纪八九十年代，拉美贫困率一直在40%以上，最高时达48.3%。进入21世纪后，特别是2003年和2004年以来，拉美地区经济增长强劲，贫困率开始明显下降，2010年下降到32%，至2011年仍有1/3的人口生活在贫困线以下（郑秉文，2011）。

由于从农村迁移到城市的人口长期处于失业和半失业状态，没有固定的收入来源，经济基础薄弱，居住条件差，在大城市中逐渐形成一个边缘群体，且规模越来越大。这个边缘群体，不能合理分享经济增长带来的利益，长期生活在贫困线以下，进一步加剧了拉美国家城市化进程的混乱，城市贫困现象成为拉美国家的主要社会问题之一。

3. 正规住房建设跟不上城市人口增长导致贫民窟出现

所谓“非正规住宅”是指没有上水和下水、缺乏基本生活设备等的住宅，在一些国家就直接表现为贫民窟。由于正规住房的建设速度难以跟上城市人口增长速度，拉美地区住房建设非正规化趋势比较明显。相当一部分转移出来的农村人口迁移到城市之后，只能通过非正规渠道自己来解决住房问题，最终导致非正规住宅大量存在。这些非正规的住宅区逐渐发展成为贫困阶层居住的大片贫民窟。

据巴西人口研究部门统计，约有650万巴西人生活在近4000个贫民窟中（张川杜等，2006）。根据巴西法律，占有土地如果5年内没有人出面提出法律异议，就被认为合法。因此，巴西多数贫民窟都是合法的。从某种程度说，由于拉美城市化过快，特别是拉美各国住房政策出现导向性失误，导致贫民窟现象比较普遍的后果（郑秉文，2011）。

4. 基本公共服务跟不上城市人口增长导致自然、社会和生活环境恶化

由于拉美国家城市化速度过快，城市没有能力为迅速增加的外来人口解决医疗卫生、文化教育、交通运输、电力供应、给水排水、住房保障等基本服务，进而在城市发展进程中出现一系列经济、社会和环境问题，如交通堵塞、住宅拥挤、贫民区无序扩张、犯罪率上升、水源污染、空气质量恶化等。在巴西许多大城市的城内和周围，都有许多非法占地建造的、杂乱无序的贫民窟。位于里约热内卢的南美洲最大的贫民窟——罗西尼亚山贫民窟内人口密集，房屋简陋、设施缺乏、垃圾成堆。

二 城市“农村化”——俄罗斯（苏联）在快速城市化发展阶段的教训

俄罗斯（苏联）在快速城市化发展过程中的一个重要教训是，在城市化的

同时没有同步实现农民市民化。

1. 俄罗斯（苏联）的快速城市化主要是在苏联时期完成的

从城市的人口数量来看，由于第一次世界大战的影响，苏联 1920 年城市人口的比重占 15.3%，1922 年占 16.2%，到了 1926 年才接近战前的水平（17.9%）。随着苏联社会主义工业化的展开，村庄变成城市或城市型的市镇，城市人口快速增长。

从城市人口数量及其在总人口中所占比例来看，苏联早在 20 世纪 30 年代末 40 年代初就已经超过 1950 年 29.3% 的世界城市化的平均水平，但低于发达国家城市化平均水平（1950 年为 54.3%、1970 年为 66.6%、1990 年为 72.7%）。

从城市数量来看，1926 年，苏联拥有 10 万及 10 万人以上的城市 31 座，1939 年增加到 89 座、1959 年 148 座、1970 年 221 座、1979 年 270 座、1989 年 296 座。其中，百万及百万人口以上的城市 1939 年 2 座，1959 年 3 座、1970 年 9 座、1979 年 18 座、1989 年 23 座。从新城市建设速度来看，1901 ～ 1916 年平均每两年建一座城市，1917 ～ 1958 年苏联欧洲部分平均每年建 8 座城市，1959 年以后新城市的建设速度才逐渐慢下来（刘显忠，2003）。

2. 简单地将农业区直接转为城市并不能实现真正的城市化

一是仅仅将城市看成是大量涌入城市的工人的居住区，住房质量差。苏联时期，全国各地到处都是采用预制板和硅酸盐砖等廉价建筑材料的住房，规划布局呆板，造型千篇一律，建筑质量差。

二是对城市本身的发展投入较少，城市公用设施严重不足。特别是在城郊聚居区、小城市和小城镇，公共服务和基础设施都处于较低的水平，如城市居民住房的排水设备是城市生活条件的一个重要指标。但到了 20 世纪末，在俄罗斯欧洲部分，还有 100 多座城市 2/3 以上的住房没有地下排水系统。

三是将城市化看成是工业化的副产品，缺乏真正的城市规划和城市风貌。苏联通过行政手段将农村转变成城市后，其城市面貌、房屋风格、城市规划和居民的就业情况没有丝毫改变，导致了“农业城市”及“城市中的农村”的出现。无论是在城市建筑物还是城市环境上，包括城市规划、建筑风格、空间利用等方面表现为千篇一律、质量不高，极大地影响了城市风貌和环境，也影响了城市居民的生活质量。

3. 农民直接进入城市并不意味着真正成为市民

伴随苏联将农业区变成城市，大量农民转为市民，但他们不可能立即习惯城市的生活方式、接受城市的价值观，在很多城市都出现了既非完全的市民，也已经不再是农民的所谓“半市民－半农民”。到20世纪末，在俄罗斯及大多数苏联共和国（波罗的海三国除外），农业居民适应城市生活方式，掌握城市文化、价值体系、行为准则等的过程还没有完成。这正是苏联时期“突发式”城市化的一个重要后果。

4.“突发式”城市化还导致住房问题突出

伴随苏联城市化的迅速推进，农民大量涌入城市，使得城市住房需求快速增长，住房长期处于供不应求状态。1918～1928年，至少有3/4的房屋建在农村。之后城市化快速发展，城市人口短期内大量增加，城市住房建设速度严重滞后于城市人口增长速度。从1929年开始，农业人口大量涌入城市，到苏联第二个五年计划完成前，城市人口增加约65%；而1929～1937年所建住房的总面积只有1918～1928年所建住房总面积的61%，住房短缺问题十分突出。经过1959～1989年30年间的大规模住房建设，直到1989年才使83%以上的城市家庭有了自己单独的住房（高际香，2014）。

第二节　国外解决贫民窟问题的主要做法

一　发展中国家和新兴工业化国家

从国际借鉴看，不同发展中国家和新兴工业化国家为了解决贫民窟（包括非正规住房）问题，探索了多种措施。

1. 巴西

巴西的快速城市化的主要问题是人口急剧向城市特别是少数几个大城市和特大城市集中，导致巴西城市数量及规模普遍增大。城市的扩容和人口的膨胀，给大城市带来了日益恶化的交通、环境、社会和住房问题，特别是城市贫民窟现象严重。其解决思路和途径包括以下几个方面。

（1）通过建设卫星城引导人口流向。例如，巴西在圣保罗老市区50～80千米的半径范围内建设了八个环境优美、交通便利的卫星城，减缓了大量人口和经济活动流向大城市的压力。2007年，这些卫星城的人口大约占圣保罗市总人口的10%。在圣保罗市的示范作用下，巴西许多大城市都非常重视卫星城的建设，并将其作为缓解人口压力和经济社会环境问题的重要手段。

（2）通过贫民区改造计划将贫民区纳入城市。巴西在全国范围实行了新的规划措施，允许把某些居民区指定为“特殊社会利益居住区”（ZEIS），以便于规划和对各个区制定相应的土地使用要求。例如，从20世纪80年代初期开始，贝罗奥里藏特（Belo Horizonte）和累西腓（Recife）努力将贫民区纳入到城市有机体内。累西腓1987年进一步建立了一套机制（PREZEIS），第一次把“非正规居民区”纳入正式规划并同意提供各种服务和基础设施。在这项法令下，累西腓设立了一个“土地占有合法化委员会”，委员会有多个利益相关方参与。其职能包括，确定并解决每个社会利益居住区的特殊问题、敦促政府履行承诺、使用投资改造整个城市地区和划定要规范的居民区。巴西其他城市，包括里约热内卢和圣保罗，也有类似的计划。巴西应用经济学会1998年的一项研究表明，至少794个市政当局制定了贫民区或“非正规居民区”的改造计划，其中约506个市政当局的改造计划包括在不同形式上实现土地占有的规范化。

（3）通过城市法规扩大各城市管理城市开发的权力。2001年7月1日，巴西通过了城市法规，扩大了各城市管理城市开发的权力，为1988年宪法的城市政策部分提供了指导意见。具体包括对城市的土地利用进行管制、打击空间隔离、支持更民主和负责的城市等。里约热内卢市开始实施雄心勃勃的安全住房使用权方案。法维拉·拜里方案通过赋予土地使用权，使贫民窟居民获益。圣保罗市也开展了保护城市贫民免遭暴力驱逐的创新方案，具体做法是市政府在土地所有者和擅自居住者之间扮演调解人的角色，还向土地所有者提出了备选办法，如税收补偿等。

2. 印度

印度关于贫民窟的政策大致经历了三个阶段：独立之初，实行清除贫民窟的政策，主要意图是驱赶贫民窟居住者；到了20世纪60～70年代，大量的农村人口向城市转移，贫民窟居住者逐步意识到自身的力量，出于选票考虑，将贫民窟清除政策转变为贫民窟改造政策；2006年，印度政府提出提高对于贫民窟形成过程和将贫民窟并入城市地区的现有办法的认识，并提出了立法和政策改革的建议，即承认贫民窟是城区的一部分、承认所有城市居民不论是否拥有合法住房都应该获得基本服务。印度解决贫民窟问题的具体措施包括以下几个方面。

（1）实施“贫民窟升级”项目。20世纪80年代末至90年代初，一个由世界银行资助的“贫民窟升级”项目帮助2万个孟买贫民窟家庭获得了土地使用权和基本的生活服务。印度“全国贫民窟居民联合会”与“促进地区资源中心协会”一道，从孟买地方政府手中获得了为贫民窟地区建造 300 套公厕的权利，为 1000 家住户提供卫生设施，与此同时动员周围地区的贫民窟居民采取一系列改造举措。

（2）设立综合性公民服务中心和基础设施财务基金。例如，印度海得拉巴和赛孔德尔巴两个姊妹城市通过综合性公民服务中心，在贫民窟设立商店、普及互联网，支付电费、水费和财产税，帮助申请许可证、执照和登记，发放出生或死亡证和抚养证，对财产进行估价等。此外，印度还在试行由社区领导的基础设施财务基金。该基金对由社区发起的住房和基础设施项目的建设提供战略资助。

（3）实施优惠住宅政策。例如，政府要求私营企业必须为低收入人群提供住宅，同时制定了预留政策。印度住房及城市扶贫部规定，所有邦政府都必须将其每个住宅项目的至少 20% 住房预留给低收入人群。但由于该项措施并没有落实到位，因此实际供应十分有限。

（4）推行土地集中开发。例如，切蒂斯格尔邦政府在赖布尔市推行的土地集中计划，收走农民手中的土地，集中起来开发利用。政府保证开发后的土地会还给农民，农民能够从开发中公平获益。通过这种方式，能够将农民手中更多的土地资源投入城市开发系统，还能为部分低收入人群提供住房。

（5）成立住宅与城市发展公司（HUDCO）。住宅与城市发展公司是印度政府于 1970 年成立的公共机构，为住宅和城市开发提供长期融资服务。截至 2013 年 6 月，住宅与城市发展公司批准了 16 537 个项目，借贷 260 亿美元，发放贷款 150 亿美元，借贷比率良好。公司共计资助兴建了 1547 万套住宅单位，有近 95% 的住宅分配给了经济弱势群体和低收入人群。此外，免收低收入人群的申请费，为其提供高达九成的贷款，利率也比对高收入人群的低 8%。

3. 韩国

韩国在解决城市低收入居住区、非法聚集居住区的做法是执行一个“联合重建计划”（Joint Redevelopment Project，JRP）。

1960 ～ 1990 年是韩国城市化高速增长期，城市化水平年均上升 1 个百分点，但同时农村人口大量进城导致出现城市贫民区。

从 20 世纪 60 年代开始，韩国政府先后采取清理工程、有选择合法化及自我发展工程等措施，处理城市低收入者居住区、非法聚集居住区的问题。

1983 年，韩国引入了联合重建计划。其主要做法是制定最低住房标准、承认居民在社区及社区发展中的民主权利、鼓励居民参与社区建设，同时还制定了鼓励非政府组织（NGO）、房地产开发企业参与社区建设的政策。在这些政策的基础上，通过政府发起和引导，低收入居住区、贫民窟、非法聚集居住区的居民及开发商、非政府组织等积极参与社区建设，实施有效的市政管理，使国家、社区及社区居民、企业等多方受益。

二 发达国家

早在19世纪，欧洲国家城市中就普遍存在贫民区现象。为解决城市贫民区问题，西方国家历史上曾采取多种措施。

1. 美国

美国自20世纪30年代开始，由联邦政府发起的“新政”和“城市更新”两项运动，就是要解决城市下层居民住房问题进而治理中心城市。

（1）“新政”政策。涉及城市的政策除进行以工代赈的大型社会工程建设外，还推出两项直接影响城市生活的重大举措：一是拟定“绿带建镇计划”，在郊区选择廉价土地，建造新社区供城市贫民区居民迁居，再将原贫民区清除，改建为公园等公用设施和绿带；二是创建两个新的政府机构，即房主贷款公司和联邦住房管理署。前者主要为城市居民提供住房贷款，消除住户因付不起分期贷款而被取消住房抵押权的现象；后者是联邦政府干预乃至管理城市住房的常设机构。这两项举措对解决美国城市住房紧张以及增加就业等都起到了积极作用。

（2）“城市更新”政策。1949年国会启动“全国住房行动计划”（*the National Housing Act*），旨在进行贫民窟的清除和重建。计划启动时以住房行动为主，但实践中却转为以资助城市商业和工业项目为主，主要以公共资源来资助城市商务中心的发展，以土地廉价出售或出租的方式给私有部门开发，联邦政府向地方政府提供补助金，以补贴城市更新过程中的成本。1974年，美国全国住房行动计划停止。城市更新项目的实施给当地带来的最直接影响就是对目标区域进行清理、重建和复兴，低质量的住宅和商务楼被拆除，抑制了内城衰败负面效应的溢出。

2. 英国及大伦敦地区

工业革命促进了英国城市化的发展，大量人口从农村流向伦敦，伦敦城市的下层社会居民的居住条件日益恶劣、住宅稀缺，并形成了许多贫民窟。到19世纪末，政府不得不采取措施解决贫民窟的卫生与安全问题。

1875年，英国通过了《改善居住法案》（*Dwellings Improvement Act*），旨在

清除贫民窟和建设低成本住房。1930 年英国工党政府制定《格林伍德住宅法》。该法规主要内容包括：①采用“建造独院住宅法”和“最低标准住房”相结合的办法解决贫民窟问题，即在清除地段建造多层出租公寓，在市区外新建房屋进行安置。②首次提出对清除贫民窟提供财政补助，政府为大规模的住房拆迁重建提供按人口安置补贴的制度，以消除住房短缺及提高市民的居住质量。该法案实施后，原来位于伦敦内城、容纳 20 余万人的贫民窟被清除；同时也导致伦敦城市规模不断扩大，郊区化的趋势越来越严重。到了 20 世纪 30 年代末，为城市贫民建设住宅的重点又转向在城市内部建设针对贫困居民的公寓。

第二次世界大战后，《伦敦郡规划法》(1943 年)、《大伦敦规划法》(1944 年) 相继出台。伦敦通过新城建设计划，在大城市周边建立卫星城以疏散城市人口，在城市内部实施城市更新并清除贫民窟。1945 年开始大规模拆除贫民窟，1975 年基本结束。其主要做法是：将贫民窟全盘清除或封闭，并将居民转移走，在清除地段建造出“有规划的”高中层公寓式出租住宅社区。

20 世纪 50 ～ 60 年代，英国政府实行“统建房”(council house) 建设政策。“统建房”主要针对城市贫困人口，建筑密度和容积率较高，建筑材料一般，居民多是下层劳动者或有色人种，居住区环境和治安较差。统建房租金很低，水电气费缴纳比例也很低。同时，允许住户通过“先租后买”“半租半买”等方式将房子买下，因此房子住得越久，越有可能属于住户。

3. 法国巴黎

早在 19 世纪 50 年代，法国巴黎制定的一项法律就规定了“卫生标准”，责成政府改善“非正规聚居地”卫生条件。但是，这项法律以及后来的《租金控制法》(*Lauche Levasseur Law*) 导致私人部门对房屋建设投资不足，而政府又缺乏足够的能力去改善住房条件，巴黎贫民窟的居住条件反而每况愈下。

第二次世界大战结束后，人口的增长以及大量的移民导致了巴黎住房短缺。政府制定了一项旨在推动房地产开发的法律，推动了巴黎高层房屋的发展。但该政策主要针对有稳定收入的职业人群需求，而居住在巴黎贫民窟的人们大多是从事非正式或不正当职业的移民，因此这一政策只是从数量上而不是质量上解决巴黎居民居住条件问题。建设高层居住小区的规划也受到了来自城市社会学的批评，认为这样的做法割裂了住区住户之间已经形成的社会网络，“以纵向垂直的集中营 (vertical ghettos) 代替了横向铺开的贫民窟”。

20 世纪 50 年代中期，巴黎当局开始承认并着手解决贫民窟现象。1964 年，巴黎颁布第一个清除贫民窟的法律，称作《德布瑞法》(*Debré Act*)。20 世纪 70

年代初，巴黎出台针对外国移民的城市安置政策，要求仅限于建造单身公寓，目的是阻止随后可能发生的全家移民，即只鼓励移民在法国做短暂停留，避免形成新的贫民窟。

第三节 主要借鉴和启示

一 城市贫民窟是快速城镇化过程中普遍发生的规律性现象

在城市化的高速发展阶段，城市人口的迅速增长必然导致对住宅和基础设施的需求增加。拉美地区的教训在于：经济发展和就业岗位跟不上城市人口增长导致失业和贫困现象严重；正规住房建设跟不上城市人口增长导致贫民窟出现；基本公共服务跟不上城市人口增长导致自然、社会和生活环境恶化。在这个过程中，财富分配不均使得问题更加严重。其他国家包括发达国家如美国、英国、法国在快速城市化过程中也出现过贫民窟问题。同时，所有国家和城市政府对贫民窟现象都有一个认识过程，一般都是从忽视到重视、从排斥到接受。

二 各国在解决贫民窟问题上不同阶段采取不同做法

为解决贫民窟问题，各国采取的基本措施包括直接措施（清除贫民窟、对贫民窟进行升级改造等）和间接措施（对低收入住房困难群体给予资金补贴等）。

历史上已经完成城市化的发达国家和部分发展较快的新兴工业化经济体，对于贫民窟或贫民区主要采取重新安置或者清理后重新开发的清除政策。清除政策主要出于经济动机：一方面，通过回收可用于开发的土地，能够实现城市内部更新和经济上的平衡；另一方面，将城市贫民迁移到城市边缘新开发的地方重新安置，增加了城市贫民的交通费用，破坏了其原有的非正规就业途径，有可能形成新的贫民窟；同时，也可能导致城市规模不断扩大，郊区化的趋势越来越严重。

发达国家的做法已经转变为：中央政府立法，并依据法律对地方和城市政府给予直接资助。这种资助主要用于房屋建设和租金补贴，并以租金补贴为主。

三 快速城市化过程必须重视同步实现农民市民化

俄罗斯（苏联）在快速城市化发展过程中，主要是以行政命令的方式把农业区变成城市，把城郊并入城市成为城市的一部分。这样做的结果是，在农民大量集中进入城市，农业居民点成批变为城市的快速城市化过程中，城市本身却在“农村化”“农民化”。

因此，简单地将农业区直接转为城市并不能实现真正的城市化，农民直接进入城市并不意味着真正成为市民，快速城市化过程必须重视同步实现农民市民化。

四 治理贫民窟需处理好城市土地权益问题

在部分发展中国家，解决贫民窟问题过程中出现城市土地权益问题。政府的一般做法是：从贫民“非法占用土地”到政府逐步承认其合法。即所谓城市接受、规范化、社会吸纳。城市接受是指：城市政府调整城市规划，从整体上承认一个贫民窟区域的合法性；规范化是指：政府依法收购被占用土地后由开发商按城市改造规划建设，恢复其合法性；社会吸纳是指：直接承认某些非法土地的合法性等。

另外，如果政府不加区别地承认非法占用土地的合法性，有可能鼓励更多的非法占用土地的现象，而且这种非法占用土地和房屋建设往往破坏城市规划，使得城市规划难以完全实现。对于我国来说，在解决城乡结合部的城中村问题和“小产权房”问题时，必须注意国外的教训。

五 “先租后买”可能是解决城市新移民住房问题的可行途径

在解决城市中低收入群体住房问题时，国外（如英国）一个值得借鉴的做法是，经过多年租赁，通过“先租后买”“半租半买”等方式，属于贫困家庭的“廉价房屋”居住者能够购买所租赁的住房，并且最终成为城市长久居民。对于我国城市新移民来说，这种方式可能是帮助其解决住房问题并最后拥有住房的一个可行途径。

第三章 中国城市移民住房问题与城镇化进程之间的关系

中国城市移民问题根源于一系列的经济社会变革、发展与改革中深层次问题，绝不仅仅是劳动力就业转移的表象。顺利解决中国城市移民住房问题，在对经济社会变革剖析之基础上，必须对中国城市移民本身的性质进行深入研究，了解当代城市移民的形成及其住房需求的根源，了解其住房需求的层次，从而提出解决城市移民住房需求的策略。

（1）市场化、城镇化、工业化是农村产生富余劳动力的根本动因，城乡差距是城市移民的本源。城市与农村之间收入的巨大差距，社会保障的的巨大差距，消费水平与层次的巨大差异，受教育水平等方面的差异成为内在因素，推动农村居民向城市、中小城镇居民向较大规模城市的转移，这些居民中有相当大的一部分是劳动力，其余是与劳动力相关的人员。

（2）农民工构成了城市移民的绝对主体，以农民工为主体的城市移民具有自身鲜明的特点：大多选择居住在城市的边缘、城乡结合部、郊区；租赁较差的房屋、集体宿舍是城市移民最初阶段的主要选择；住房消费在农民工中并不是最主要的支出项目；不同代系农民工具有不同的住房消费特点；在逐渐形成亲缘、血缘、地缘式大家庭后，选择面积较大、功能较齐全的住房成为农民工的选择趋势；不同地域农民工对住房需求具有差异性。

（3）城市新移民住房问题对经济社会发展影响重大。农民工住房问题对构建和谐社会造成影响；住房问题影响农民工的城市归属感和城市化进程；农民工住房问题具有系统性特征，如在社会保障体系中如何体现对有较稳定工作、在城市中居住年限较长的农民工进行社会保障；住房问题所引发的社会不稳定在第二代农民工中体现得更为明显，这一代农民工生长在城市，和父辈有不同的追求和生活方式；农民工在城市难以购置住房往往同配制不均衡、资源浪费相伴随。

（4）城市新移民住房问题对推动城镇化具有深远的意义。解决城市新移民住房问题是提高城镇化发展水平的客观要求；城市新移民住房问题直接关系城镇化进程中的工业化水平，关系企业用工；新移民在城市安居是保持社会稳定的重要物质条件；新移民住房问题关系到促进城市内需与经济持续增长，关系到城市经济的内生增长。

（5）解决城市新移民住房问题，要打破土地制度、户籍制度、社会保障制度等制度困境。在我国现行的二元经济社会结构下，存在明显差异性和歧视性的城乡户籍制度、就业制度、社会保障制度，以及公众利益诉求机制等制度障碍，造成了进城务工农民难以实现在城镇定居，并真正融于城镇。因此，居住问题是制约农民工转变成城市居民的重大障碍。要通过制度改革，让进城农民工逐步实现从在城市有稳定的住所到最终定居的转变。

第一节　中国经济社会发展中的劳动力流动

中国城市移民的住房问题并非简单的建设问题，而是根源于一系列的经济社会变革、发展中深层次问题。顺利解决中国城市移民住房问题，必须对中国城市移民本身的性质进行深入剖析、对改革进程中的经济社会进行剖析，了解当代城市移民的形成及其住房需求的根源、了解其住房需求的层次，根据这些方面提出解决城市移民住房需求的策略。中国经济社会发展存在很大差异性，包括城乡之间、区域之间、行业之间等，多种情况混合的多元化局面所形成的城市移民住房问题需要纳入经济社会整体进行考量，因此本章所重点关注的问题是中国非均衡发展态势下城市移民的产生、流动态势，在进行深入判断前提下对城市移民住房需求进行比较，进而判断城市移民住房需求的特点。城市移民住房问题能否妥善解决影响到经济社会发展中的稳定问题，对有中国特色的城镇化健康发展也有很大的影响，同时影响到城市产业发展中的劳动力用工。解决城市移民住房问题还存在制度困境需要解决，如土地制度、户籍制度和社会保障制度，这都是本章需要研究并解决的问题。

一　中国城乡经济社会的非均衡发展

我国城市发展主导政策直接根源于20世纪50年代开始推行的重工业优先发展战略。为了保证农村中有足够的劳动力生产农产品，同时也为了把城市享受低价农产品的人数限至最少，需要设立一些制度为城乡人口及劳动力流动设置门槛。1958年全国人民代表大会通过了《中华人民共和国户口登记条例》，确定在全国实行户籍制度。从此，形成了几乎延续至今、阻碍人口迁移和劳动力流动的制度框架。由于能够有效把农村人口控制在城市之外，城市福利制度就可以相应地建立起来。除了诸如住房、医疗、教育、托幼、养老等一系列排他性福利之外，以保障城市劳动力全面就业为目标的排他性劳动就业制度是这种福利制度的核心。分析城乡发展的非均衡，目的是寻找城市移民产生的诱因。城乡非均衡包括两个方面：一是城镇和农村的非均衡发展，属于大的非均衡；二是中小城镇与较大规模城市的相对非均衡，这是城镇内部的非均衡。这两方面均为劳动力转移、形成城市新移民的重要原因。

1. 城乡之间人均收入的比较

分析城市移民要从劳动力要素收益引致流动角度进行。按照经济学中要素转移的条件分析，城市移民出现的根本动因在于农村劳动力要素要寻求一个

表 3-1　城乡人均收入比较

年份	农村人均纯收入 / 元	城镇人均可支配收入 / 元	城镇人均可支配收入与农村人均纯收入之比
1992	784.00	2 026.60	2.584 9
1993	921.60	2 577.40	2.796 7
1994	1 221.00	3 496.20	2.863 4
1995	1 577.74	4 282.95	2.714 6
1996	1 926.10	4 838.90	2.512 3
1997	2 090.10	5 160.30	2.468 9
1998	2 162.00	5 425.10	2.509 3
1999	2 210.30	5 854.00	2.648 5
2000	2 253.42	6 279.98	2.786 9
2001	2 366.40	6 859.60	2.898 7
2002	2 475.60	7 702.80	3.111 5
2003	2 622.20	8 472.20	3.231 0
2004	2 936.40	9 421.60	3.208 6
2005	3 254.93	10 493.00	3.223 7
2006	3 587.04	11 759.45	3.278 3
2007	4 140.36	13 785.81	3.329 6
2008	4 760.60	15 780.80	3.314 9
2009	5 153.17	17 175.00	3.332 9
2010	5 919.01	19 109.00	3.228 4
2011	6 977.00	21 810.00	3.126 0

注：数据来源于中国经济信息网，按照当年价格计算。

更高的收益，这种收益带有综合性。从短期现象看，这种更高的收益可能直接体现为收入水平的提升。从长远看，是发展环境的改善，不但为本代创造好的发展环境，更是为下一代创造更好的发展环境，同时也创造了更多的高收益机会。分析我国大规模城市移民的出现首先需要从收入角度着手。表 3-1 显示，1992 ～ 2011 年农村人均纯收入和城镇人均可支配收入都有大幅度提高。单从收入角度看，2011 年城镇和农村居民的生活水平都确立了比较牢靠的基础。如果对比城市人均可支配收入与农村人均纯收入会发现，尽管二者都在增加，但城镇人均可支配收入增加的速度明显快于农村人均纯收入。1995 年、1996 年、1997 年二者之比略有下降。从 1998 年开始，城镇人均可支配收入与农村人均纯收入之比一直波动上升，二者的差距越来越大。直到 2010 年开始略有下降。可以肯定，收入差距是促使农民进城的最直接因素，差距拉大同城市移民产生具有正相关关系。为了寻求自身更高利益，大量农民工由第一产业转到第二产业、第三产业。

2. 城乡人均消费水平比较

为了更能说明问题，笔者将表 3-2 与表 3-3 放在一起进行分析。表 3-2 反映了居民消费能力，表 3-3 反映了居民消费层次。总体上，我国农村和城市人均消费支出均有一定程度的增加，而且是连续增加，反映了居民消费随收入上升而增长的形势，符合经济发展的一般规律。从城市居民同农村消费支出对比看，1992 ～ 2003 年二者比值呈现波动上升趋势，到 2003 年到达最高点。尽管从 2004 年开始农村居民消费和城镇居民消费差距有所缩小，但从绝对量上看，农村居民同城市居民消费能力与消费水平还是存在很大差距。表 3-3 所显示的城镇同农村居民恩格尔系数从 1992 年到 2010 年均呈现波动下降趋势。城镇居民恩格尔系数从 1992 年的 53.04 下降到 2010 年的 35.7，农村居民恩格尔系数从 1992 年的 57.6 下降到 2010 年的 41.1。从长期看，两类指标都呈现出波动下降的态势，反映出我国居民消费层次不断上升的趋势。相比较而言，农村居民恩格尔系数一直高于城镇居民，说明农村居民消费层次相对城镇居民较低的事实。在追求较高收入的同时，追求较高的消费水平和消费层次也是农村居民向城市转移的一个重要原因，城市较好的消费环境也是吸引农村居民物质追求的重要方面。同时，出于改善生活的原因，也存在小城镇居民向较大城市转移的情况。

表 3-2　城乡人均消费支出比较

年份	农村人均生活消费支出 / 元	城市人均生活消费支出 / 元	城市人均生活消费支出与农村之比
1992	659.21	1 671.70	2.535 9
1993	769.65	2 110.80	2.742 5
1994	1 016.81	2 851.30	2.804 2
1995	1 310.36	3 537.57	2.699 7
1996	1 572.08	3 919.50	2.493 2
1997	1 617.15	4 185.60	2.588 3
1998	1 590.30	4 331.60	2.723 8
1999	1 577.40	4 615.90	2.926 3
2000	1 670.13	4 998.00	2.992 6
2001	1 741.10	5 309.01	3.049 2
2002	1 834.30	6 029.92	3.287 3
2003	1 943.30	6 510.94	3.350 5
2004	2 184.70	7 182.10	3.287 5
2005	2 555.40	7 942.88	3.108 3
2006	2 829.02	8 696.55	3.074 1
2007	3 223.85	9 997.47	3.101 1
2008	3 660.70	11 242.90	3.071 2
2009	3 993.00	12 265.00	3.071 6
2010	4 382.00	13 471.00	3.074 2

注：数据来源于中国经济信息网，按照当年价格计算。

表 3-3　城乡家庭恩格尔系数比较　　（单位：%）

年份	城镇居民家庭恩格尔系数	农村居民家庭恩格尔系数
1992	53.04	57.6
1993	50.32	58.1
1994	50.04	58.9
1995	50.09	58.6
1996	48.76	56.3
1997	46.60	55.1
1998	44.66	53.4
1999	42.07	52.6
2000	39.44	49.1
2001	38.20	47.7
2002	37.68	46.2
2003	37.10	45.6
2004	37.70	47.2
2005	36.70	45.5

续表

年份	城镇居民家庭恩格尔系数	农村居民家庭恩格尔系数
2006	35.80	43.0
2007	36.29	43.1
2008	37.89	43.7
2009	36.50	41.0
2010	35.70	41.1

注：数据来源于《中国统计年鉴 2011》。

3. 城乡人均教育支出的比较

为了更好地说明农村劳动力向城镇转移、中小城镇劳动力向较大规模城市转移劳动力的情况，还必须研究劳动力可持续发展中的教育问题，这是影响劳动力再生产和移民变居民（二代移民定居）的重要方面。

表 3-4 显示了我国农村和城市居民教育文教娱乐服务人均支出的比较情况。从 1992 年到 2010 年农村和城市居民的该项支出都有不同程度的增加，但二者相比较城市教育文教娱乐服务人均支出明显高于农村的水平。在 1992 年该项支出水平是农村的 3.3687 倍，随后年份出现波动上升趋势，到 2010 年达到 4.4384 倍。教育文教是影响劳动力素质的关键因素，直接决定着劳动力价值的高低，以及劳动力家庭的可持续发展能力。城市相对农村教育文教支出水平高，一方面是城市该支出的成本高，另一方面是因为城市相对农村具有很多稀缺教育资源，如高水平的教师、设备和优质教育环境。为了追求较高的教育水平，创造劳动力较高的潜在价值，提高家庭可持续发展能力，尤其在改革开放后城市移民的第一代往往将子女留在城市接受教育，相对第一代城市移民，在城市接受教育的第二代更容易成为城市永久性居民，这部分居民是移民住房需求的主体。

表 3-4　城乡人均教育文教娱乐服务消费水平比较

年份	农村教育文教娱乐服务人均支出 / 元	城市教育文教娱乐服务人均支出 / 元	城市教育文教娱乐服务人均支出与农村之比
1992	43.77	147.45	3.3687
1993	58.38	194.01	3.3232
1994	75.11	250.75	3.3384
1995	102.39	331.01	3.2328
1996	132.46	374.95	2.8307
1997	148.18	448.38	3.0259
1998	159.40	526.20	3.3011
1999	168.30	601.30	3.5728

续表

年份	农村教育文教娱乐服务人均支出 / 元	城市教育文教娱乐服务人均支出 / 元	城市教育文教娱乐服务人均支出与农村之比
2000	186.70	669.58	3.5864
2001	192.60	736.63	3.8247
2002	210.30	902.28	4.2904
2003	235.68	934.38	3.9646
2004	247.63	1032.80	4.1707
2005	295.48	1097.50	3.7143
2006	305.13	1203.03	3.9427
2007	305.66	1329.16	4.3485
2008	314.50	1358.30	4.3189
2009	340.56	1472.76	4.3245
2010	366.72	1627.64	4.4384

注：数据来源于中国经济信息网，按照当年价格计算。

4. 城市设施水平分析

城市设施是城市各部件和谐运转的基础。我国对包括市政公用事业在内的基础设施统计仅限于城市：一方面是因为基础设施建设发展水平农村大大落后于城市，规模太小且口径不一致，没有统计上的意义；另一方面，因为统计还没有将农村基础设施并列到与城市同等覆盖的层次，大部分地区对农村基础设施缺乏一致的统计口径。对我国城市设施水平进行分析，目的是得出城市基础条件相对农村的优越性，这也对移民存在重大吸引力。

表 3-5 列出了城市运转所需要的供水、天然气、公共交通、道路、绿化的发展水平。尽管大多数城市面临着缺水的现实，但城市居民用水普及率从 2000 年到 2010 年大幅度提升，由 63.9% 提高到 96.7%，安全饮水在城市中大范围得以实现。天然气普及率从 2000 年的 45.4% 提高到 2010 年的 92.0%，清洁燃气在居民能源利用中比重越来越高。每万人拥有的公共汽（电）车辆从 2000 年的 5.3 辆提升到 2010 年的 9.7 辆，其中 2008 年、2009 年超过 11 辆，城市居民出行的便利程度显著提升。城市人均拥有道路面积由 2000 年的 6.1 平方米提高到 2010 年的 13.2 平方米，道路通行能力大幅度提升。人均公园绿地面积由 2000 年的 3.7 平方米提高到 2010 年的 11.2 平方米，城市环境建设水平不断提升。从以上几方面的情况不难看出，城市居民所能享受到的公共产品正外部效应大幅提升，城市居民同农村居民所能获得公共产品外部经济的福利水平也在逐渐拉大，这种差距还体现在中小规模城镇同大城市之间。不可否认，获取高收入、从高消

费中获得高效用水平、提高劳动力创造价值的潜力是刺激城市移民的重要原因。另外，城市能够提供包括公共品在内的高品质生活也是推动城市移民的动力。

表 3-5　我国城市设施发展状况

年份	用水普及率 /%	天然气普及率 /%	每万人拥有公共汽（电）车辆 / 标台	城市人均拥有道路面积 / 米 ^{2}	人均公园绿地面积 / 米 ^{2}
2000	63.90	45.40	5.30	6.10	3.70
2001	72.30	60.40	6.10	7.00	4.60
2002	77.90	67.20	6.70	7.90	5.40
2003	86.20	76.70	7.70	9.30	6.50
2004	88.90	81.50	8.40	10.30	7.40
2005	91.09	82.08	8.620	10.92	7.89
2006	86.67	79.11	9.050	11.04	8.30
2007	93.83	87.40	10.23	11.43	9.00
2008	94.70	89.60	11.10	12.20	9.70
2009	96.10	91.40	11.10	12.80	10.70
2010	96.70	92.00	9.70	13.20	11.20

注：数据来源于中国经济信息网。

总之，城市与农村之间收入的巨大差距、消费水平与层次的巨大差异、受教育水平等方面的差异成为推动农村居民向城市、中小城镇居民向较大规模城市转移的内在因素，这些居民中有相当大的一部分是体力劳动者，其余是与体力劳动者相关的人员。当然，城乡差距影响移民问题的因素不只是这些方面，还有诸如医疗、社会保障等方面，城市公用事业对比农村水平也明显要高出许多，如公共卫生与环境这样的公共产品在农村难以大面积享受。由于我国城市相对农村的特殊性，很多社会福利是农村居民所无法享受的，还有很多大城市的社会福利是中小城镇所无法享受的，这也在一定程度上左右了移民由农村向城市、由中小城镇向大城市流动的方向。

二　市场化、城镇化、工业化与农村富余劳动力

1. 市场化、农村富余劳动力与城市移民

市场源于产品交换，伴随着交换规则的产生、发展和完善，市场的内涵和外延不断扩展，今日的市场早已演变成由一系列交易和保证交易执行的、按一定规则和标准组成的无形市场与有形市场的结合。从广义上看，市场就是一系列交易方式和交易规则组成的体系。市场化是一场深刻的社会制度结构变迁。

市场化是一个社会内部制度结构向市场制度的复杂变迁过程，不仅包括经济体制的变迁，而且包括社会、法律乃至政治体制的全方位变革。中国特色的市场化道路与一般市场化不同，由于正处在两种不同经济体制交替过程中，我国的市场化环境更为复杂，农村富余劳动力和城市移民正是在这种大背景下产生的。农村富余劳动力和城市移民既不是在纯计划经济体制下产生的，也不是在完全市场经济体系下产生的，处在体系交叉范畴内的城市移民问题正处在制度的空白。一方面，作为劳动力，市场接纳了转移来的农业劳动力，并利用他们廉价的特点取得了产品竞争优势；另一方面，市场却没有解决他们作为社会人的社会需求，使他们处于弱势地位。

市场制度的演变是内外力共同作用的结果，内在因素使经济交易的发生越来越活跃，交易逐渐由商品交易极大拓展到要素交易，由实体交易方式拓展到虚拟交易方式；外在因素是城市化、国际化、信息化的推动。一旦市场化大幕拉开，在市场力的作用下市场轨迹难以改变，城市移民作为劳动力要素和社会人，其进程伴随市场化的方向在相当一段时间内也是无法扭转的。从政府对市场的作用看，中国政府职能已从服务于计划经济转向服务于市场经济，市场在资源配置中发挥基础性作用。政府已不再直接干预私营企业的具体经营活动，职能逐渐转变为宏观经济管理者和社会管理者。不可否认，计划经济时期，政府在很多方面为市场配制资源人为设置了障碍，稳固计划经济树立的各种制度框架。在要素市场中，市场化加速了劳动力要素流动，这对解放生产力起到了关键作用，在市场力量作用下劳动力开始在地区之间、城乡之间、产业之间大规模流动。从企业权利与行为看，多种所有制经济共同发展的格局基本形成。国有企业市场化程度大大提高，非国有经济已成为支撑国民经济的重要力量，还有大批外商投资企业，市场化改革为它们开拓中国市场提供了强有力的制度保证。企业市场化打破了计划经济体制下“大锅饭”“铁饭碗”的就业格局，在市场选择下劳动力要素流动更为科学合理，城市移民的出现正是市场优化、企业选择廉价劳动力的作用结果。生产资料市场逐步建立，商品、生产要素和服务产品的价格绝大多数由市场形成。包括劳动力在内的要素价格由市场决定，为劳动力合理流动构建了一个良性参照体系，可以使配置结果产生更大效益。市场化更为重要的内容在于要素（包括劳动力、资本、土地等）市场，而要素市场化所需要的制度变革远远深刻于商品市场化。要素市场化发育滞后是我国市场经济体制改革进程中的突出矛盾，我国土地要素市场化程度更低，包括城市土地和农村耕地，在产权制度、交易制度、价格决定和法律制度上，土地要素市场化配置的条件还远远不够（刘伟，2007）。农村富余劳动力是城市移民的主体，解决城市移民住房有很多相关问题需要明确，如与经济发展密切相关的社会保障问题。土地正是农村社会保障体系的基础，一旦农村土地作为要素流动，就此又关系到城市移民在经济来源、保障体系覆盖中的公平与效率。

2. 城镇化、农村富余劳动力与城市移民

中共第十五届四中全会通过的《中共中央关于制定国民经济和社会发展第十个五年计划的建议》正式采用“城镇化”一词，这是中国首次在最高级别官方文件中使用“城镇化”概念。所谓城镇化，是指农村人口不断向城镇转移，第二、第三产业不断向城镇聚集，从而使城镇数量增加、城镇规模扩大的一种历史过程，城镇化同时也是一种城镇结构和功能转变的过程。城镇化的本质特征主要体现为：农村人口在空间上的转换，非农产业向城镇聚集，农业劳动力向非农业劳动力转移。城镇化作为一种社会历史现象，既是物质文明进步的体现，也是精神文明前进的动力。城镇化过程包括四个方面：农村人口向城镇转移，第二、第三产业向城镇聚集，地域性质和景观转化，以及包括城市文明、城市意识在内的城市生活方式的扩散和传播过程。

城镇化的形式概括起来表现为两个方面：一方面表现为人的地理位置转移和职业改变，以及由此引起生产方式与生活方式的演变；另一方面则表现为城镇人口和城市数量的增加、城镇规模的扩大，以及城镇经济社会、现代化和集约化程度的提高。城镇化使更多的存量农业人口改变了生活的原有居住地，由农村进入了城市，由村民变成了城市居民，完成了新城市移民数量上的增加；城镇化使更多的农业劳动力逐渐脱离了土地，对土地的脱离可能是一代也可能是多代，但城市相对农村，工业和第三产业相对第一产业吸纳了更多的劳动力，城镇化引起城市移民的更关键因素是农业人口由生产方式改变带动了生活方式的变迁，这是城市移民变为居民的决定性步骤。新移民的出现会使相当一部分城市规模越来越大，城市人口增加会加大对公共设施的需求，也会使城市运转方式发生一定的变化。

3. 工业化、农村富余劳动力与城市移民

中国工业化过程有两个特点：一是由于发展了大量劳动密集型低端产业，大量消耗劳动力和各种资源；二是当工业发展起来后，机器与资本又大量替代劳动力。工业化的第一个过程是将农业资源和自然资源转化为工业资源，除了土地，另外一个最大的资源转换形式，是将原先的农业劳动力转化成工业劳动力，通过使用这些廉价劳动力为工业积累原始资本。按照发展及关系演进特征可以将工业化与城市化发展阶段分为起步期、成长期、成熟期。起步期以工业化的发展为核心，推动了城市化的发展。这个时期工业占据主导地位，服务业围绕工业尤其是制造业的发展而发展。制造业相对于农业与服务业专业化分工程度较高，劳动生产率水平也比较高，对劳动力等生产要素的吸纳能力较大。工业化推动了城市化，城市的主要功能是为制造业发展提供人才、市场、技术等集聚场所，并提供相应的交通通信等基础设施。城市的发展主要是靠工业企业的扩大再生产所吸引的人口与资本的集聚，表现为城市规模膨胀、数量增加，城市的外延扩大，农村剩余劳动力向城市转移的速度开始加快。

我国区域经济社会发展很不均匀，从总体上讲，我国大部分地区处于工业化前期向中期的发展过程中，伴随着快速推进城市化，是城市人口膨胀、城市移民大量产生和基础设施需求增加的阶段。劳动力转移是工业化的必然结果，工业化加速促进了劳动力的产业间转移。改革开放初期，我国实行家庭联产承包责任制，农民的生产积极性和机械化程度明显提高，引起了农村劳动生产率的快速上升，同时城市化使城镇空间拓展，压缩了农村的空间，土地要素逐步减少，出现了大量的农村剩余劳动力，这是城市移民的基础。城市是工业的聚集地，工业化提供了大量的就业机会，拓宽了农村剩余劳动力的就业道路，农民有望获得农业以外的收入从而提高家庭总收入，从事工业比从事农业的劳动报酬更高，聚集工业为城市移民提供了环境。改革开放以来出现了农村大量外出进城务工人员，即农村劳动力的流动。这种模式的流动具有很大不确定性和临时性，由于具有反复性，外出务工人员不属于农村劳动力转移，使其行为固化后，才能实现真正意义上的农村劳动力转移，也就是真正的城市移民。

第二节　城镇化进程中城市移民的住房问题

一　城市移民分类和流动特点分析

1. 城市移民分类

按照各自形成原因不同进行划分，我国城市移民主要有教育移民、投资移民、创业移民、打工移民、安置移民和养老移民六种，这六种城市移民决定了自身流向城市的差异。

（1）城市所在地（尤其是大中型城市）高校和其他类型教育机构每年都从

全国各地或境外招收学生入学，每年也都有大量学生毕业进入社会参加工作，外地学生每年都有一定数量的人留在该市工作变成本地公民，劳动力市场全面开放后外地高校毕业生来本市应聘工作是形成城市移民的重要渠道，这两方面就形成了教育移民。例如，我国2008年研究生毕业生34.5万人，普通高等教育本专科毕业生512.0万人；2009年研究生毕业生37.1万人，普通高等教育本专科毕业生531.1万人；2010年研究生毕业生38.4万人，普通高等教育本专科毕业生575.4万人；2011年研究生毕业生43.0万人，普通高等教育本专科毕业生608.2万人。研究生和本专科毕业生人数逐年大幅度递增，已经成为教育移民的主力。

（2）投资型移民。当前吸引外地和境外投资已经成为繁荣城市经济的基础性举措，投资者及其家属、相关管理和技术人员都将随资本进入而构成新的城市移民。

（3）创业型移民的资本是蕴藏于自身的特殊专长和技能，创业型移民要通过自身人力资本的异地再配置实现人生价值的提升，其中包括公务人员、企业管理人员、各种专业技术人员等。

（4）打工型移民主要有两类。一是劳动力成本较低的农民工。他们文化水平普遍不高，适合从事专业技能要求不太高的加工制造业、建筑安装业、销售服务业、搬运保洁业等，农民工已在城市经济社会中发挥了重要作用，已经成为城市移民中的一个重要群体。根据国家统计局农民工统计监测调查中抽样调查结果推算，2011年全国农民工总量达到25 278万人，比上年增加1055万人，增长4.4%。其中，外出农民工15 863万人，增加528万人，增长3.4%。住户中外出农民工12 584万人，比上年增加320万人，增长2.6%；举家外出农民工3279万人，增加208万人，增长6.8%；本地农民工9415万人，增加527万人，增长5.9%。从外出农民工就业的地点看，在直辖市务工的占10.3%，在省会城市务工的占20.5%，在地级市务工的占33.9%，在地级以上大中城市务工的农民工比2010年提高1.7个百分点（国家统计局，2012）。另一类打工型移民是外地城市下岗失业人员，由于在原居住地找不到工作来其他城市寻求工作机会，这部分仅占打工型移民的小部分，在下文的研究中以农民工代指打工型移民。

（5）安置型移民是地方政府根据有关政策法规或上级行政指令，强制性地安排外地人员或居民来该市工作或居住。符合一定条件的现役军官家属、达到一定级别的离退休干部、贫困恶劣地区的搬迁人口等都属于安置型移民。

（6）少数城市生态环境好、气候宜人，或者基础设施发达、城市功能完善、生活便利。尤其近几年随着房地产大量开发，外地人到这些城市购楼十分踊跃，比如北京、上海、大连等，这些购楼者有相当一部分是用来养老或者纯粹居住的。在许多新开发的社区里，外地老年人明显增多。

2. 城市移民流动特点

总体上讲，由于不同层次地域、城市所具有的积聚资本、人力、管理等要素的能力有很大差异，城市移民主要由劳动力低回报率的地区、行业向高回报率地区、行业移动，由第一产业向第二、第三产业流动，由分散地带向城市群、产业群流动，由偏远地域向政治、经济集中区流动，由乡村向城市流动，由中小城市向大城市流动，由落后地区向发达地区流动，由西部向中、东部流动，由社会保障体系覆盖层次低的地区向社会保障体系覆盖层次高的地区流动。城市移民构成成分复杂，年度之间流动方向具有一定差异性。从农民工的就业地区来看，2011年在东部地区务工的农民工16 537万人，比2010年增加324万人，增长2.0%，占农民工总量的65.4%，比2010年降低1.5个百分点；在中部地区务工的农民工4438万人，比2010年增加334万人，增长8.1%，占农民工总量的17.6%，比2010年提高0.7个百分点；在西部地区务工的农民工4215万人，比2010年增加370万人，增长9.6%，占农民工总量的16.7%，比2010年提高0.8个百分点。从各省份来看，就业地区主要分布在广东、浙江、江苏、山东等省，这4个省吸纳的农民工占到全国农民工总数的近一半。从外出农民工就业的地点来看，在直辖市务工的占10.3%，在省会城市务工的占20.5%，在地级市务工的占33.9%，在地级以上大中城市务工的农民工比2010年提高1.7个百分点。在农民工中，从事制造业的比重最大，占36.0%，其次是建筑业占17.7%、服务业占12.2%、批发零售业占10.1%、交通运输仓储和邮政业占6.6%、住宿餐饮业占5.3%。从近几年调查数据看，变化较明显的是建筑业，农民工从事建筑业的比重在逐年递增，从2008年的13.8%上升到2011年的17.7%，从事制造业的比重则趋于下降（国家统计局，2012）。投资移民、创业型移民与教育移民都是为了在回报率更高的城市获取更多收益。教育移民、创业型移民具有相对较好的人力基础，投资移民具有较好的资源基础，这三类都是潜在高收入者，获取包括住房在内的财产具有很强的潜在竞争力。安置型移民由政府协助解决其在城市中的生存问题，包括住房、就业、社会保障等方面，属于政府优惠政策的覆盖范围内。养老型移民大多都具有较好的经济积累，在特定城市进行移民是为了进行享受型消费。打工型移民在这六类中获取财产方面并不具有竞争力：一方面是因为进入城市打工者并没有相对较高的人力资本积累；另一方面是因为社会政策不像对安置型移民那样具有优惠，打工型移民处于经济和社会发展的薄弱环节。在这六类移民中，打工型移民属于比较特殊的一类：一方面是城市化进程中在城市之间大范围流动的打工者是经济社会发展必不可少力量；另一方面是其在城市生活中缺乏竞争力、政策支持覆盖水平低，包括在住房、就业、社会保证等方面，打工型移民也成为诸方面关注的重点。

二 城市移民住房需求的特点

1. 农民工构成了城市移民的绝对主体

城市移民主要是以进城务工农民为主体的人群构成的。分地区看，在东部地区务工的农民工居住条件要好于中西部地区，在工地、工棚及生产经营场所居住的比例要明显低于中西部地区。从近几年农民工居住情况的变化看，在单位宿舍和生产经营场所居住的比例呈下降趋势，而与他人合租住房、乡外从业回家居住的比例呈上升态势。城市移民中其次是非迁入城市户籍的大中专院校毕业生，由于高校毕业生的工资水平相对农民工而言较高，他们的住房消费一般能自行解决。本章分析城市移民的住房需求，主要是以农民工构成的打工型移民为主体的城市移民。与城市居民相比，农民工在居住条件、物质生活、教育等方面都居于劣势，社会保障也十分薄弱，成为城市社会中边缘地位的弱势群体。为以农民工为主体的城市新移民提供住宅消费保障，解决他们进入城市后面临的最基本的住房问题，将有利于这一群体在城市的稳定和发展，对实现社会公平、促进社会安定、构建和谐社会具有重要意义。

2. 当前农民工住房消费状况与特点分析

通过对多个城市观测的情况显示：总体上，城市移民住房呈现出大分散、小集中的特点。他们的居住地点主要有城乡结合部、城中村、车站和商业区附近、工业园区内、建筑工地等。在某个确定区域，来自相近血缘、宗族、来源地，具有亲戚、同学、老乡关系的人选择聚居。国家统计局的调查数据显示，到 2011 年，我国外出农民工以雇主或单位提供住宿为主。以受雇形式从业的农民工，由雇主或单位提供宿舍的占 32.4%、在工地或工棚居住的占 10.2%、在生产经营场所居住的占 5.9%、与他人合租住房的占 19.3%、独立租赁住房的占 14.3%、有 13.2% 的外出农民工在乡镇以外从业但每天回家居住、仅有 0.7% 的外出农民工在务工地自购房（国家统计局，2012）。

（1）租赁较差房屋、集体宿舍是城市移民最初阶段的主要选择。城市新移民主要通过两种形式进行住宅消费：一是自行租赁，这是他们进行住宅消费的主要途径；二是缴纳一定的住宿费用，居住由用人单位提供的集体宿舍或工棚。以农民工为主体的城市移民较低收入水平决定他们较低的住房消费能力，而较低的住房消费能力则决定着他们较差的居住状况。城市房租水平大大超过农民工住房支付能力，他们大多只能租住在城市郊区，以及市内条件较差的房屋，如深圳和北京的城中村、地下室就聚居着大量的城市移民。这些地方人口高度密集、环境卫生恶劣、公共设施不足、违章建筑多、安全性差、社会治安复杂，通常是城市管理的死角。而由用人单位提供的住房，普遍居住拥挤，缺乏必要的安全和卫生等设施。农民工恶劣的居住条件带来很多不便，在防范火灾、流行病、毒品、色情交易等方面存在隐患。

（2）住房消费在农民工中并不是最主要的支出项目。多数农民工在进城务工几年之后生活条件得到好转，由于自身持续工作能力有限，社会保障也未能达到城市居民所能享受到的覆盖层次，导致其消费水平和观念不强，将工作收入基本都转化为银行存款，多数农民工更不具备投资意识。农民工将工作收入进行储蓄出于这样几个方面考虑：最直接也最紧迫的是子女教育；其次是改善在农村家人的住房及其他生活方面的条件；还有就是进行养老和防范重大疾病的医疗支出。大多数（尤其是第一代农民工）农民工对自己没有过高的生活要求，但子女教育支出占其总支出的比重却非常高，普遍占农民工家庭消费总支出的1/3以上。如果在外打工收入不高，家中子女又多，教育费用可能占总费用的一半以上。对转化为储蓄的收入，除子女教育外，农民工最迫切的还在于进一步改善老家住房条件，而对改善自身在城市的衣、食、行条件，大多民工放在次要地位。尤其是在沿海发达地区打工日常生活开销费用更大，农民工收入有很大一部分还要用于支付高的生活成本。综合看，农民工进行储蓄主要对象是为下一代教育和改善家人生活条件使用，消费范围主要发生在农村，而自身住房消费仅占城市生活的很小部分。

（3）不同代系农民工具有不同的住房消费特点：①改革开放、经济搞活、农村出现剩余劳动力后进入城市工作的农民工可以称为第一代农民工，这一代农民工普遍文化教育程度低、劳动技能差，仅能从事劳动密集型的工作，在进入城市之前基本没有城市生活经验，进入城市是因为要获得较多工作机会和较高收入。一方面，大部分第一代农民工尽管在城市生活了很多年，但社会生活群体依然局限于工作范围内，大部分社会关系依然在农村。随着年龄的增长、体力的下降，第一代农民工大部分都要回到农村生活。另一方面，第一代农民工的出现正处于我国经济社会结构大规模变动时期，其流动范围更广，工作不稳定性更剧烈，对恶劣生存条件的忍耐力也更强。综合两个方面，以第一代农民工为代表的城市移民并不具有在城市购买住房、定居的意愿和条件，其更为需要的是廉价出租房，住房消费支出所占消费总支出比重极低。② 20 ～ 30 岁未婚农民工逐渐有了在城市购房、定居、成立家庭的意愿和行动。这些年轻人一般是初高中毕业就开始到城市寻找工作，或者是改革开放后第一代农民工的后代（称为第二代农民工）。相对第一代农民工，20 ～30 岁的农民工相对受教育水平较高，年轻一代农民工一般从事美容美发、餐饮、装饰、商业、销售等服务性行业，大多数平均月收入在城市中处于中等偏下层次。由于工作单位提供的住处量少且条件差，多数年轻农民工选择自己租房。因为价格便宜，年轻农民工租住地下室、平房、城乡结合部农民租赁房的比例较高。但同第一代农民工对艰苦生活条件所具有的强忍耐力有所差距，20 ～ 30 岁的农民工开始追求较好的居住条件，住房消费占收入的比例往往超过 10%。年轻农民工消费支出中用于学习新技术和适应城市生活的支出比例较高，虽然积蓄不多，但随着城市生活年数的增加已不愿意回到农村，在城市寻找配偶婚嫁和购房的愿望比较强烈。相对第一代农民工，这部分农民工已经有了在城市购房的意愿和一定能力，而且有一部分收入较高的农民工已经实现了在城市购房和定居的意愿。

（4）在逐渐形成亲缘、血缘、地缘式大家庭后，选择面积较大、功能较齐全的住房成为农民工的趋势。组成亲缘、血缘、地缘式的家庭成员多以初次外出打工者居多，多以减少住房消费支出选择普通租赁住房集中居住，由此形成城市外来打工者的“群租式”居住方式。生存状况较好的农民工“群租式”居住人群也有选择租金较高的商品住房者，其目的主要是为了大家庭居住和工作便利的需要。这些来自农村的群居劳动者已经由个人、夫妇的单体转变成为大家庭或拥有血缘、地缘关系的复合体，其对住房的需求也发生了变化。家庭团圆以及生活上的相互照应使他们需要较大面积、功能较齐全（包括厨房、卫生间、卧室、客厅，能洗澡、洗衣服等）的住房，而不再是面积狭小、功能简单的单个房间。

（5）不同地域农民工对住房需求具有差异性。我国地域广袤，区域经济社会发展、自然环境差异性极大。由于不同地域发展环境、城市文化氛围、历史传承、对外开放等方面的差异，城市本身对移民的接纳程度也有所差异。在沿海开放地带，经济发达，城市开放水平很高，对移民的接纳吸收程度也非常高。

但以农民工为主体的城市移民无法承受高房价，大多数对住房需求还是选择租住。在一般城市，尽管开放程度较低，城市规模也比较小，对移民的接纳程度不像大城市那样高，但房子价格也相对较低，尤其是素质较高的青年一代农民工经过努力可以购房并定居。不同地域条件所决定的农民工住房需求差异，直接关系到城市住房政策的制定与执行。

三 城市新移民住房问题的经济社会影响分析

改革开放后，城市化进程不断加快，越来越多的农村剩余劳动力转移到城市就业，成为我国现代化建设的特殊劳动群体。农民工在城市里长时间生活和工作，已受到城市文化的熏陶，逐渐习惯了城市的生活方式，不同于传统的农民意识。但由于“外地人”的身份和成长环境，缺乏必要的住房和社会保障，又常被城市社会排斥，使他们缺乏城市的归属感和认同感。农民工住房问题的存在使农民工难以融入城市社会，“多元剥夺”降低农民工留城意愿，不利于和谐社会的构建与经济发展。提高农民工在城市中的社会地位，首先就应把农民工的住房利益放在首位，这样才能使农民工真正的住有所居，让他们安心地在城市中生活，从而融入这个社会。让流动于城市的农民工有一个温馨的住所是当前最迫切需要解决的问题之一。

1. 农民工住房问题给构建和谐社会造成影响

不解决农民工城市住房问题，就难以使其融入城市社会，影响和谐社会的构建。绝大多数农民工聚居在城乡结合部或者城中村，几乎与城市居民住宅隔绝。农民工虽然身处城市，但除工作之外，经常交往的对象仍是与自己同质性非常强的人，他们自身及其生活方式都很难受到城市居民的影响。缺乏与城市居民交往的机会，就难以在相互影响中消除城市居民对农民固有的歧视，难以消除农民工在市民面前的自卑情绪，农民与市民之间无法通过沟通和理解而形成和谐的关系。和谐社会关键是每个人都能够充分享受各种权利，包括住房这样的民生权，绝不是一部分人住得好，一部分人住得差。许多农民工的住房是工棚、乱搭乱建的违章建筑，与城市居民环境优美的住宅有着天壤之别。只有农民工城市住房问题得到解决，才能从改善生活条件的意义上构建和谐社会。

2. 住房问题影响农民工的城市归属感，不利于城市化进程

住房是人类生存的一个基本需要，能够给人带来归属感。尽管影响农民工

城市归属感的还有如户籍、社会保障、城市关系网络等诸多因素，但住工棚、集体宿舍、出租房的农民工很难对所在城市有强烈的归属感。大部分农民工的城市与农村住房条件落差是促使农民工最终会返乡的主要原因。农民工只要在城市有自己的房子，哪怕仅仅是面积很小的房子，就有了在城市扎根的基础，也因为成为“有产者”而对城市有一定的归属感。

3. 农民工住房问题具有系统性特征

农民工城市住房人均面积小、住房设施简陋、环境较差、存在安全隐患。一方面，农民工居住条件差，也会影响身体健康，如风湿、呼吸性疾病、流感等都是居住环境不良而容易引发的疾病，这样就加重农民工的负担，并且影响农民工的工作效率，最终又影响收入。另一方面，居住条件差的农民工只能和住在同一区域、与自己同样处于社会底层的人们交往，在人际关系上就存在一定的封闭性，就很难有机会寻找更好的发展机会，在社会中缺乏向上流动的机遇，也就无法给予子女更好的教育等其他发展机会。

4. 住房所引发的社会不稳定在第二代农民工中体现得更为明显

现在 20 岁左右的农民工是在父辈打工之后出生、成长的第二代农民工，他们在城市长大，或到城市之后接受了很多城市的生活方式，或在电视、网络上了解熟悉了城市的生活工作方式，是现今农民工群体的主流。与父辈出来打工挣钱养家、回农村盖房子的生存路径不同，大多新生代农民工不愿意回到贫困落后的农村，而希望在城市谋求生存之路。第二代农民工受教育程度与国民待遇意识均较他们父辈高，一方面他们不愿意回到农村，另一方面他们也不满意在城市生存却不能享有城市人待遇、不能像城市青年那样生活。在城市没有住房使他们总是处在边缘化的地位，不解决他们的住房问题，隐藏了极大的社会不稳定因素。根据公安与民政部门的犯罪统计与分析，第二代农民工更容易引起如偷窃、抢劫、诈骗等犯罪活动。

5. 农民工在城市难以购置住房往往同配制不均衡、资源浪费相伴随

中国上亿进城农民工中，除了部分建筑工人住在工棚或简易房，大多数农民工实际上是在城乡结合部居住，更有很多从事服务业的农民工常年居住在城乡结合部或城中村，其住房多为城市郊区农民所有，专门为农民工提供的出租屋、公寓、院落都建设在集体建设用地上。这种居住格局既使进城农民工有了稳定的住所，又使城郊结合部农民通过出租房屋获得财产性收入。由于中国现有法律规定，农村宅基地不能抵押和跨村交易，尽管凭借自身收入难以购买商品房，一些进城农民工却有购买城中村农村房产的能力，但实践中却无法实现，

这些农民工长期生活在城市中实际上又享受了城市基础设施和部分公共产品。同时，由于农民工在城市并没有稳定住所，也不享有城市社会保障和福利政策，子女上学和就业还受诸多限制，并非真正的“城市人”。农民工在城市工作、长期租用住房、使用城市基础设施和享用部分公共产品的同时还在农村保留有土地、房屋，农民工不能在城市定居，每年奔波于城乡之间，造成交通、土地资源、基础设施的巨大浪费。

四 城市新移民住房问题与推动城镇化相互关系

1. 解决城市新移民住房问题是提高城镇化水平的客观要求

按照城镇人口占总人口的比例计算城镇化水平，改革开放以来，我国城镇化率从20%左右快速提升到2011年的51.3%。“十二五”期间，我国城镇化水平进一步提高到56.1%。放眼世界，到2000年世界城市化水平平均已经达到50%，如英国、法国、德国超过80%、美国超过90%、日本也接近80%，甚至印度当时的城镇化水平也超过目前的我国（国务院发展研究中心，2003）。减少农村人口，增加城市人口，快速推进城镇化水平，以城镇化带动工业化、现代化、信息化和国际化，是我国社会经济发展的必然要求，是降低对出口导向型经济依赖性、扩大内需的重要方面，是节约、集约利用资源、能源的有效方式，是提高社会保障覆盖水平的前提。提高城镇化水平仅靠城镇人口自然递增远远不够，必须通过农村、农业人口大规模向城市转移来实现。影响农村人口移入城市的关键环节之一就是住房，农民工在城市居无定所就不可能有真正的城市化率提高。解决农民工城市住房问题是转移农村人口、增加农民收入、推动城乡协调发展的重要措施，解决在城市务工农民居无定所问题，帮助他们在城市站稳脚跟，才能真正使其由农民变居民。农民工在城市有了稳定住所，才能彻底从土地上退出来，从而有利于农村土地流转、有利于留在农村的农民增加收入、有利于改变中国城乡二元结构。但从目前城市务工农民收入水平看，尤其在大中城市，城市住房价格与其收入之间存在巨大差距，农民工住房保障制度的缺失，住房问题成为制约城市人口增加的瓶颈。

2. 城市新移民住房问题直接关系城镇化进程中的工业化水平

2015年我国第二、第三产业增加值占GDP比重达到91.1%，这些增加值大部分产生、聚集在城市，城市经济主导我国经济社会发展的命脉。随着工业化进程，城市发展中日益增长和扩大着一支由农民工为主角的产业大军，这支产业大军既是工业化的需要，又是工业化的产物，他们的生存和发展与工业化是互为条件的。随着城镇化中城市经济基础进一步壮大，科技推动的生产力水平大幅度提升，大量从土地和第一产业中被替代出来的劳动力由农村进入了城镇，由第一产业进入了第二、第三产业，由农民工作为主体的移民正成为城市经济中劳动力的主体，在建筑、工程、采掘业、加工制造业、服务业（装饰、家政、清洁、商业、车辆维修）、流通等行业发挥着巨大作用。农民工长期游离于城乡之间、游离于不同城市之间的亦工亦农角色，是不适应新型工业化过程中对技术和专业水平提高要求的，保障“居者有其屋”是城市移民安心工作、提高专业技能的第一步，让城市移民拥有自己的住房是使其成为城市永续劳动力的关键环节。所以说，解决农民工城市住房问题是实施工业化战略，促进经济持续发展的保证。只有农民工真正在城市扎了根，工业化进程才能得以保障，经济才能稳定持续发展。近年来沿海城市的“民工荒”已经向社会提出警示，稳定农民工是我国城市工业化进程必不可少的环节之一，以住房稳定城市移民是重要举措。在城市与工业的新一轮扩张中，关注农民工城市住房问题就是稳定劳动者队伍，是工业长久和持续发展的内在要求。

3. 新移民在城市安居是保持社会稳定的重要物质条件

长期依赖大批流动移民来发展经济的城市是不稳定的城市，也是不公平的城市，更是一个充满风险不安全的城市。诸多事实表明，作为城市建设的直接主体，农民工为城市盖出了高楼大厦，铺设了水、气、电、暖等基础设施，但是却不能在城市定居；农民工从事装饰、家政、清洁、商业、车辆维修、物流、安保等服务型行业，为城市正常运转做出了巨大贡献，但由于住房、户籍、社会保障等方面，城市并不属于他们，没有他们真正的家。一方面，农民工作为被城市边缘化的弱势群体，长期无法与城市居民共享城市社会的权益和财富，使他们对市民缺乏基本信任；另一方面，农民身份又使其难以实现向上流动，缺乏对前途的基本预期，农民工没有属于自己的住房，由于工作地点变动在城市的边角随意流动，他们对城市没有归属感。以上现实情况为农民工与城市社会冲突埋下隐患，当农民工切身利益受损时冲突就会出现。城市出现的暴力犯罪人员越来越多地来自移民群体：一方面是因为其自身素质较低，还有就是对城市社会缺乏最基本的归属感，甚至对城市社会带有逆反心理，从而选择以暴力手段来寻求问题的解决，或者谋取自身利益；另一方面，由于地缘和血缘关系，随着农民工群体组织的出现，对城市逆反、暴力情感的唤起更具有群体性特征，移民和城市居民产生的冲突将更持久、更暴力。所以说，使农民工为主体的城市移民定居并融入这个城市，让其为自身建设的城市拥有归属感，是保护和涵养城市生态的最低层面，是维护社会稳定的基本物质条件。

4. 新移民住房问题关系到促进城市内需与经济持续增长

以农民工为主体的移民住房关系到自身的安居水平，关系到城镇化是否持久，关系到流动人口能否转变成城市固定人口。历史经验表明，相比流动人口比固定人口给城市经济拉动作用更大，以实现农民工“城市梦”扩大内需是拉动城市经济增长、应对经济疲软的有效方式。当前，我国的城镇化有相当一部分实质上还属于“半城镇化”，已经进城的农民工绝大多数并没有市民化。让农民工住有所居，稳步推进农民工市民化，帮助农民工实现“城市梦”，变农民消费为市民消费，能够有效启动潜在消费需求。快速发展的城镇化需要坚实的产业支撑。以城镇化作为扩大内需的引擎，尤其需要在城镇化过程中发展相关产业，通过产业发展扩大内需，夯实城镇化的基础。把城镇化与产业发展结合起来的一条有效途径，尤其要以住房等财产把农民工留在城市，鼓励农民工在城市创业，帮助其实现“创业梦”，以创业带动就业，这也有助于缓解日益增长的就业压力。

五 每年新增城市移民住房需求的规模

按照我国城镇化进程计算每年城市移民的流量，对我国以农民工为主体的城市移民每年新增住房需求规模进行分析，需要了解城市移民人均住房面积和每年城市移民新增人数。

1. 按照保障性住房标准确立移民人均住房面积

以农民工为主体的城市移民收入水平位于城市低收入行列，其住房建设应按照保障性住房标准进行。《国务院关于解决城市低收入家庭住房困难的若干意见》(简称《意见》)提出为城市最低收入家庭提供保障住房的面积，是“新建廉租住房套型建筑面积控制在50平方米以内”，如果按照家庭成员人均计算廉租住房建筑面积，其大约为10平方米。《意见》对城市农民工住房问题进行了定位：农民工属于城市低收入阶层，城市农民工住房问题应该加以解决，解决城市农民工住房问题可以参照城市低收入家庭廉租住房方式进行。《廉租住房保障办法》进一步明确了纳入住房保障体系的低收入阶层住房面积配制，强调“新建廉租住房，应当将单套的建筑面积控制在50平方米以内”。住房城乡建设部、国家发改委、财政部联合发出的《关于印发2009—2011年廉租住房保障规划的通知》（建保〔2009〕91 号）（简称《通知》）中将廉租住房保障标准控制在人均住房建筑面积 13 平方米左右，套型建筑面积 50 平方米以内，保证基本的居住功能。从以上三个方面看，如果将农民工列入城市最低收入阶层而纳入廉租住房保障范畴内，人均住房建筑面积约为 13 平方米。

2. 我国每年新增城市移民规模估算

由于我国官方并没有针对城市移民的权威而且精确的统计数据，只有对农民工的年度报告，所以对城市移民总量的计算只能是推算，本书以农民工作为城市移民的主体进行推算。

2011 年我国城镇人口达 69 079 万人，比 2010 年的 66 978 万人增加 2101 万人；农村人口 65 656 万人，比 2010 年的 67 113 万减少 1457 万人。依照 2011 年的数据分析，城镇人口中增加的 2101 万人有一部分属自然增长，有一部分是城镇化进程中撤乡并镇、“村改居”等使农民身份转换成市民，还有一部分就是城市移民。由于并没有每年城市移民确切的统计数据，确立城市移民数量，需要将城镇人口自然增长部分剔除掉，撤乡并镇、“村改居”后原村民中大部分是可以解决住房问题的，这部分人也需要从每年城市新增常住人口中剔除掉。由于农村人口每年自然增长率为正，2011 年乡村人口减少的 1457 万应该是由撤乡并镇、“村改居”后减少的。2011 年，包括城市移民、城镇人口自然增长的数量不应超过 644 万人。按目前情况看，城镇人口自然增长率应该低于农村人口自然增长率。例如，按照 2011 年我国人口自然增长率 4.79‰ 看，当年城镇人口自然增长率应不高于这个数字，也就是 2011 年我国城镇人口自然增长应低于 320.8 万人，由农村向城镇的移民数量应在 320 万左右。按照国家统计局的数据，截至 2011 年年底中国农民工总量的 25 278 万人，外出打工（本乡镇以外）的农民工为 15 863 万人。例如，按 2011 年在本乡镇以外农民工数量占全部比重的 62.75% 这一基数计算，2011 年由于移民在其他城镇增加的人日数量约为 200 万人。

还可以按照农业生产力发展状况和 18 亿亩的“红线”进行估算。按照我国耕地 2009 年的保有数量 18.26 亿亩，第一产业从业人员 2.9116 亿人粗略估计，我国每位第一产业从业人员平均负担的耕地为 6.27 亩。假设我国农业产业化、机械化大生产集约经营水平越来越高。按照国家之间国土面积、经济社会发展水平的相似性，如果按俄罗斯第一产业人均负担耕地水平计算，我国 18 亿亩耕地仅需要从业人员约 700 万人，也就是说从事第一产业人员绝大部分要从农业和农村中转移到城镇中的其他产业。按照 2011 年年底中国农民工总量的 25 278 万人中外出打工的数据计算，依照俄罗斯较落后的第一产业耕地留存劳动力数量标准，在提高劳动生产率的前提下保持我国 18 亿亩耕地至少还需要向城镇其他产业净转移大约 1 亿的农业剩余劳动力。也就是说，不计算城镇化过程的撤乡并镇、“村改居”农村人口自然转换成城镇居民数量，只从产业劳动力转移流动的增量计算，到 2050 年左右，新增城市移民约有 1 亿人，以农民工为主体每年净增的移民数量应不低于 250 万人。

3. 我国新增城市移民住房需求规模估算

2000 年年底，我国城镇化水平仅 36.2%，不仅低于发达国家 70% ～ 80% 的水平，也低于世界平均 40% 的水平。据测算，到 2050 年，我国新增城市人口将达到 5.51 亿，我国的城镇化率将达到 70%。对照官方所给的估算，比照以上两种口径估算的结果进行综合平衡，我国每年城市移民能达到 200 万～ 250 万人，到 2050 年，新增城市移民约 1 亿人。

由于城市移民本身急需住房和低收入水平成为矛盾，为了维持经济社会平稳发展，政府应按照城市低收入居民待遇每年依保障性标准给新增城市移民提供住房。《通知》将廉租住房保障标准控制在人均住房建筑面积 13 平方米左右，即将移民列入城市最低收入阶层纳入廉租住房保障范畴，按照人均住房建筑面积不高于 13 平方米计算，以最低标准的保障住房为参照计算，每年给新增城市移民提供的保障性住房最少也需要 2600 万平方米，多可达到 3250 万平方米。到 2050 年，按照最低标准的廉租住房建设计算，未来 40 年内给城市新增移民提供保障性住房建筑面积最少要达到 10.4 亿平方米，至多可达到 13 亿平方米。

城市移民住房问题越来越突出。尽管我国城镇化步伐有所放缓，但由于人口基数过大，加上推动城镇化战略的实施，估算我国每年有 200 万～ 250 万移民。从当前我国城市商品房平均价格水平看，有很大一部分新进入城市工作的移民没有足够的购房能力。大量移民进入一个新的生活系统必须要有最基本的生活保障，住房就具备承担基本生存保障的功能。已有的城市移民和新进入的城市移民规模越来越大，尤其随着“二代移民”的大量进入，以及移民住房需求不断向聚居、高质量住房转变，移民住房的重要性已经越来越突出。如果大量移民进入新生活系统后住房需求难以得到实现，就会在很大程度上影响城市经济社会平稳发展。

城市政府应强化对移民的住房保障职能。面对大量有购房需求但不具备购房能力的城市移民，为了保障其基本权利与经济社会稳定，政府应该多方面筹措资金加大对城市移民保障性住房的建设、供应力度，给城市移民享受保障性住房提供优惠政策，使城市移民获得与原居民同等待遇。在保障性住房的供应中，对城市移民更应该加强廉租住房的供应，以缓解移民住房压力，维护经济和社会的稳定（周达，2010）。

第三节　城市新移民住房问题的制度困境

在我国现行的二元经济社会结构下，存在明显差异性和歧视性的城乡户籍制度、就业制度、社会保障制度及公众利益诉求机制等造成了进城农民工遭受种种不平等国民待遇，农民工市民化进程相当缓慢。要让移民真正在城市定居下来，必须解决好维护稳定的住宿、就业、社保、教育四个方面问题。城市住房问题是影响农民工转变成居民的最大问题，最为关键的是通过制度改革让进城农民工有稳定的住所。涉及移民住房的制度困境主要包括土地制度、户籍制度、社会保障制度，以下分别针对这三个方面进行分析。

一 土地制度

1. 具有社会保障功能的农村土地制度是农民工返乡的重要原因

农村土地制度实际上为农业人口提供了一种特殊的社会保障。原则上讲，作为一项基本制度，每一位公民都应享有社会保障权，不能因为公民的户籍身份或居住地域而区别对待。而非农化过程中的农民却被排斥于城镇社会保障体系之外，处于“边缘人”的地位。我国农村社会保障城乡分割、条块分割、多头管理、各自为政，广大的中国农村几乎没有一个有效的社会保障制度。农村条块之间既无统一的管理机构，也无统一的管理立法。部分地区在国有企业工作的农村职工的社会保障统筹归劳动部门管理，医疗保障归卫生部门和劳动者所在单位或乡村集体共同管理，农村养老和优抚救济归民政部门管理，一些地方的乡村或乡镇企业也建立了社会保障办法和规定，有的地区保险公司也搞了保险，形成了“多龙治水”的管理格局。由于这些部门所处地位和利益关系不同，在社会保障的管理和决策上经常发生矛盾。在这种情况下，土地在事实上已经成为社会保障体系的替代品，为农民提供了最基本生活保障。

土地是最基本的农业生产资料，农民在土地上劳动、生产、生活和扩大再生产资料，土地具有生活保障功能。实际上长久以来广大农民已将土地作为劳动对象，土地为农民提供就业机会，土地对农民产生出就业功能。除农民后代对土地有继承权外，土地还会因价格上涨对其所有者具有增值功能。由于土地为农民提供了农民自己和国家都无力承担的社会保障功能，这就造成了农民即使抛荒土地，也不会轻易放弃所承包土地的现象。

进城农民工以土地作为保障与城市社会保障体系覆盖农民工的方式是互为替代的，由于城市社会保障体系尚未覆盖进城农民工，或者覆盖力度不强、覆盖体系不健全，农民工只能以土地作为自身保障的最后支撑。由于土地为农民提供了最基本的社会保障，土地是农民的最终“退路”，在城市尚未给进城农民提供覆盖全面的社会保障时，一旦农民工的生产能力衰退无法继续在城市工作时，其一定会回乡继续依靠土地生存。现有土地与社会保障制度是进城务工农民未能留城而最终返乡的重要原因之一。

2. 农村土地、房屋流转障碍是移民进城不离土的制约因素

比照《中华人民共和国民法通则》《中华人民共和国土地管理法》《中华人民共和国农业法》等法律对农村土地产权内容的界定，农村土地被定义为国有或集体所有、农户经营，乡村集体代表国家掌握土地的终极所有权，有权对土地进行处分，这就意味着农户对土地只有使用经营权。虽然《中华人民共和国农村土地承包法》规定了土地承包经营权可以依法采取转包、出租、转让或者其他方式流转，但是由于我国农村土地产权主体模糊，国家对产权主体限制，土地承包权不稳定、流转机制不完善等，土地承包权流动受阻，农村土地所有权、处分权与占有权、经营权分离的现状制约了我国农村土地市场化的进程，也使大量农业人口不能完全从农业生产中脱离出来而向外转移。总体上，我国农村集体土地具有很高的潜在价值，由于法律规定我国农村土地尚未进入市场，农民具有经营权的土地价值在一定时间段内难以实现并加以回报，农民也并不希望放弃农村较低成本生活，放弃土地进城生活的机会成本对于农民非常高，由于农民工劳动力价值低、城市生活成本高，在城市工作、农村生活对于移民的自身收益更高，导致农民工往往在劳动能力下降、收入递减的老年时代回到农村。

改革开放以来，实施联产承包责任制、乡镇企业发展、劳动力外出务工的确使农村经济总体水平快速提高，农民收入也大幅度上升，不少农民把大部分积蓄都投资在住房建设上。根据《中华人民共和国土地管理法》的相关规定，农村房屋产权的流转范围仅限于本集体经济组织范围内。因此农房除自我居住及部分出租外，无法通过其他方式流转，其价值处于较为固定状态。而现实是农业人口大量流向城镇，“空心村”情况较为普遍。尤其现阶段许多农民长期在城市打工、经商或已经在城镇里购置了房产，农村房屋由于不能转让，只能长期闲置或者出租（多为城郊居住条件较好的）收取少量的租金。虽然一些城镇

居民有购买农房的意愿，有的还签订了农村房屋买卖合同，但因无法取得房屋所有权而承担着极大的风险。农村的房产难以进入市场进行交易，其价值就不能实现。农房实际上既是商品也是财产，正常市场条件下农房作为一种财产理应具有财产性收入功能。同时，农房价值实现过程也是价值置换的过程。如果农房能够以真正市场的方式进行交易，以市场价格交易后农房价值实现，农民也能够获得应有的包括财产性收入在内的收入，农民就可以利用房屋交易收入在城市工作地进行房屋买卖，从而实现房屋价值置换与在工作地居住的愿望。通过前文分析可知，以农民工为主体的城市移民无法跟随城镇化大潮在城市居住的重要原因之一就是缺少住房、缺少获取财产性收入的有效手段。农房价值流动渠道不畅通，难以实现价值置换，在城市收入水平偏低的农民工收入无法承受城市逐渐走高的房屋价格，农民工也就很难在城市定居。从城镇化、市场化角度看，农房流转障碍不仅在一定程度上限制了农民的融资渠道，还阻碍了农村经济的发展。

二 户籍制度

世界各国现代化过程中最基本的人口变动特征就是农民进城变工人和市民。我国长期以来实行的是城乡分治的户籍管理制，农民虽已进城务工，但农民的身份没有变，没能够在城市获得合法的市民资格、平等的待遇和实现安居乐业。一些名义上取消了农业、非农业两种户口的地方，并没有在福利制度上发生实质性改变。这种状况使城镇化处于一种僵持状态，带来了很大的社会成本。促进城镇化健康发展，必须加大户籍制度的改革力度，在加速工业化的同时，使更多的农民工真正变为城市居民。

1. 二元社会结构下的农民工特殊户籍问题

虽然收入差距和职业分化是社会分层的主要决定因素，但以户籍归属为标志的制度性安排对阶层分化仍然有着显著影响。就城市而言，户籍所在地是否属于居住地城市是判别个人身份的重要特征。如果户籍所在地与居住地城市一致，就是通常意义上的“市民”，可以理所当然地享受政府提供的服务和最低的生活、就业保障。如果两者不一致，就是城市的“外来人口”，不仅政府服务可以打折扣，连基本的社会保障也没有（余佳和丁金宏，2008）。

我国现行的户籍制度是在我国特殊历史条件下形成的城乡分离的“二元社会结构体制”，在这种体制下形成了二元经济发展模式，即以大工业为主体、发展水平较高的城市经济和从事农业生产的落后农村经济。二元发展战略导致了我国城乡之间在人口比例、收入状况、商品交换、人口流动、社会保障等方面存在巨大的差别和对立。我国传统意义上的农民是指从事农业生产劳动和取得土地经营收入的劳动者。在我国由于城乡二元体制的制约，农民不仅是一个职业概念，而且还是一个身份概念。随着市场经济发展和城市化推进，人口、户籍分离的现象已越来越普遍，身份上的农民概念和职业上的农民概念出现很大的差距。农民工是从农民中分化出来的，是中国经济社会转型时期的特殊范畴、是身份上属于农民而职业上属于工人的那一部分劳动者，即具有农村户口身份却在城镇务工的劳动者，是中国传统户籍制度下的一种特殊身份标识——从户籍身份来看农民工属于农民，从职业身份来看他们在城镇从事非农职业。所以说，农民工是一个充满矛盾的社会概念，既非纯粹的农民又非工人；反过来，既是农民又是工人，他们构成了我国二元户籍之外的特殊情况，而且人数正在急剧增加（岳澎和黄解宇，2008）。

2. 农民工户籍问题带来的危害

户籍问题严重困扰着城镇化进程中“农民变市民”这一过程。户籍制度使农民工处于城市的边缘，农民工在城市的生活缺乏一定的制度保障，就业歧视、就学歧视和收容遣送等问题严重困扰着农民工。就农民工子女的受教育情况来看，受我国户籍制度的影响，流动儿童少年多数被排斥在公办学校义务教育之外。农民工户籍问题造成人力资源及物质资源的巨大浪费。部分农民工经过企业多年培训，已经具备了一技之长，但农民工与城市社会存在隔阂，企业无法使他们安定下来，最终不得已而返乡，造成了人才的浪费。同时农民工本身的流动性使其常以打短工为主，企业也不注重对其的技术培训，从长远看难以提升农民工整体劳动素质。

户籍问题造成农民工强流动性，使其没有稳定的心态与家庭环境。农民工首先是空间的循环流动：农民工从农村流动到城市工作，又在城市无法驻足，与农村的家庭、土地仍然有联系，定期在城市与家乡之间循环流动。其次是职业的频繁流动：农民工的职业通常是非正规职业，就业岗位的不稳定使他们必须在不同城市、行业之间变换不同的职业。农民工在城市生活工作了许多年，只要他们没有获得城市户口，事实证明其不可能真正融入城市社会。

户籍制度深深困扰着城市社会稳定。尽管部分省市已经初步建立农民工群体的社会保障制度，但由于户籍制度约束其实践效果并不理想。户籍制度给农民工带来的长期不公平待遇，使一些打工者对社会和政府不满情绪持续增长。

进城务工之后农民工失去了农村的文化约束，又没有被城市社区文化所接受，致使农民工行为难以规范，城镇化过渡阶段进程务工人员出现了与社会联系过于松弛的状况，人与人之间的关系变得松散、冷漠，当打工者个人权益得不到保障、生存面临危机时，不得不铤而走险、以身试法，更容易导致城市社会的不稳定。

3. 改革户籍制度是促进我国城镇化健康发展的客观需要

户籍管理制度之所以是农民市民化进程中的障碍，是因为传统户籍管理制度把户口与社会保障、医疗、子女教育、社会福利和社会地位直接挂钩，使户口成为社会身份的象征。在以身份为标志的制度化分层体系中，户籍不仅是社会资源配置和利益分配的首要依据和标准，也是权利与义务分享的重要依据和标准。户籍身份作为中国社会分层机制中的重要的分层维度之一，不仅通过城镇户口与农村户口、非农业户口与农业户口的二元分化，使得中国社会结构的分层首先表现为城乡隔离和城乡差别的基本格局，而且使农民在转化为市民的过程中发生种种扭曲或变异的现象。

在城乡分割体制长期延续和行政等级化城市管理体系并存的现实国情下选择城镇化发展道路，既要兼顾长期以来传统体制影响所造成的现实利益格局，协调改革、发展和稳定的关系，又要不失时机加快改革步伐，从传统体制的薄弱点入手，打破城乡分割的界限，促进劳动力、资金、土地等生产要素按照市场机制合理配置，人口迁移与户籍制度是城镇化政策的核心。伴随着计划经济体制向市场经济体制的转型，经济运行主体发生了变化，城镇化的推动主体也趋向多元。城镇化推动主体多元化的格局虽然形成于户籍制度改革过程之中，但在户籍制度改革之后将会得到进一步强化。户籍制度改革实际上破除了行政性的社区壁垒，为各种生产要素如土地、劳动力、资金的流动消除了有形的限制，对企业、农民个体跨区域、跨城乡的流动开启了方便之门。更为重要的是，在户籍改革过程中，中国现代化过程本身经历着深刻的制度变迁过程，即由强制性制度变迁向诱致性制度变迁转变。无疑，制度变迁模型的转变，顺应了中国向市场经济转轨的要求，对于多元化经济主体加入到农村城镇化的历史进程之中将起到重要的作用。

户籍制度改革前的农村城镇化属于明显的外生发展型。城镇的兴起与所在区域的社会结构、经济结构变革没有多大的关联，更多地取决于来自区域之外的外力作用。县域范围内的城镇过去多为行政中心型、工矿型，就是这种外力作用的结果。如果仅从数量上作相关分析，小城镇的兴衰，甚至与县域范围内经济水平的变化关联较小，而与市镇设置标准的变化、行政中心的更替关联甚大。户籍制度改革将推动农村城镇化内生与外生发展相交织局面的出现。事实上，在现实生活中存在的单纯内生发展型与外生发展型，与各种限制人口及其他经济资源流动的制度障碍存在不无关系。户籍制度放开，各种具有地方保护主义色彩的市场封锁被打破，以及相关制度的配套，这对于城乡联动、区域一体地推动城镇化的发展将起到重要作用。

三 社会保障制度

外出农民工参加社会保险的水平有所提高，但总体仍然较低，中西部地区农民工参保比例明显低于东部地区。据国家统计局2011年的抽样调查结果显示，2011年，雇主或单位为农民工缴纳养老保险、工伤保险、医疗保险、失业保险和生育保险的比例分别为13.9%、23.6%、16.7%、8%和5.6%，除工伤保险比上年略减外，养老保险、医疗保险、失业保险和生育保险的比例分别比上年提高4.4个百分点、2.4个百分点、3.1个百分点和2.7个百分点。从输入地看，不同地区的农民工社会保障状况差异仍较大，中西部地区的农民工参保比例比较接近，落后于在东部地区务工的农民工，2011年东部地区各项保险参保率进展明显，与中西部地区差距扩大。东部地区养老保险、医疗保险、失业保险和生育保险的比例分别比上年提高5.5个百分点、3.2个百分点、3.8个百分点和3.2个百分点。不同行业外出农民工的社会保障水平差异较大，建筑业、住宿餐饮业农民工的社会保障状况仍需重点关注。从主要行业看，制造业、批发零售业、交通运输仓储和邮政业的参保情况相对较好，交通运输仓储和邮政业、批发零售业、服务业参保率进展明显。需重点关注的仍是建筑行业、住宿餐饮业的农民工，雇主或单位为其缴纳各项保险的比例显著低于其他行业。

1. 社会保障制度对城市移民意义重大

只有为农民工提供可靠的社会保障，才能对他们到城市来工作和生活产生强大而长久的吸引力，才能有效开发和配置农村丰富的人力资源，促进经济持续发展和社会稳定和谐。建立城市移民社会保障制度具有重要的政治、经济与社会意义。社会保障是国家赋予每个劳动者的权利，建立城市移民社会保障体系是保证其基本公民权的需要，同时也是全面建设小康社会的需要。建立农民工社会保障是政府着眼长远的要求。建立移民社会保障是新时期社会反贫困的重要举措。以农民工为例，其作为农村精英分子，他们一旦发生意外事故对其家庭将是毁灭性的打击，极有可能因伤、因病而致贫甚至于返贫。农民工社会保障的建立有利于引导农民工放弃流动型转移，实现土地的集约、节约，可以提高农民工抗风险能力，降低预防性储蓄，促进消费，对拉动内需和经济发展有积极意义。建立农民工社会保障是社会保障制度原则的体现，也是加快城市化发展的有效措施；是快速实现我国社会结构转型和提高城市化水平、深化农村改革的需要；是建设社会主义法治国家、构建社会主义和谐社会的需要。城市农民工的社会保障问题不仅关系其权益维护，也关系全面建设小康社会的实现。

2. 城市移民社会保障制度的缺陷

城市移民社会保障制度的缺陷包括：①社会保障制度在以农民工为主体的城市移民就业方面的缺陷。农民工就业机会虽多，但是由于与城市居民的受教育程度存在差异，农民工就业的工作往往比较差，劳动时间长、劳动强度大、工作危险而且往往不能得到应有的报酬，农民工在就业方面受到很多限制和歧视。一旦失业，城市居民在失业期间有失业补助，而农民工却没有，他们在失业期间多是靠积蓄，或向他人借钱维持生计。②农民工住房保障制度方面的缺陷。农民工无法享受福利分房，也不能享受在政府提供补贴的情形下购买商品房，他们一般都合伙租住于一些条件差的地方，无论环境卫生、光线还是空气流通方面等往往是非常恶劣的，也是容易滋生疾病的地方，农民工是最容易受到疾病传染的人群。③农民工医疗保障方面的缺陷。外来务工人员医疗保障制度有许多障碍因素。以户籍制、劳动用工制等制度为标志的城乡分割局面根深蒂固地存在着，当前许多社会权利都是以公民的户籍为享受依据的，已成为社会重要一部分的外来务工人员游离在农村和城市之间，基本被排斥在打工所在地的社会体制之外，与“本地人”有着截然不同的待遇。

3. 城市移民缺乏社会保障的原因分析

如果让农民工真正市民化，更重要的是社会保障制度安排必须迅速跟进，建立城乡一体的社会保障系统，提供城乡均等的公共服务。将农民工作为主体的城市移民纳入社会保障体系，其表现为：随着城乡统筹社会管理制度健全、相关法律逐渐完善，移民可以作为产业工人得到医疗保险、失业保险、工伤保险、生育保险，移民子女可以在城市接受义务教育，移民可以在所居住的社区参加工会、参加选举，移民家庭也可以向所在社区申请低保，移民可以用公积金买房，移民可以按年龄退休并享受退休金。农民工社会保障隐藏着短工龄与长保障、工资低收入与社保高消费、高流动与小统筹、保障不足与保障“多余”、即期收入与长远保障等矛盾。农民工社会保障滞后有以下几方面的原因：

一是城乡二元社会结构客观存在，虽然根据宪法农民工应该享有社会保障权，但是缺乏具体的可操作的法规。二是有关农民工社会保障的政策、法规缺少统一的全国层面的政策规定，相关的政策规定只能由不同部门、不同地区自行做出，这样就难免造成各地、各部门的做法不一样，彼此之间存在不协调甚至冲突的情况也就不可避免。三是社会保障管理不能适应农民工参保的需要，缺少一个确保社会保障关系能够在城乡之间、地区之间转移的管理机制。此外，还有一个更为根本性的政策原因就是有关农民工社会保障的政策取向偏离了既有目标，因而导致了政策目标的落空。很明显，在我们许多农民工社会保障政策中，农民工自身的利益并没有成为政策设计的出发点。政府既是公共权力的代表者也是公共权力的行使者，行使公共权力以维护社会稳定、保证公民权益是政府的责任和义务，在农民工社会保障制度的建立问题上，政府承担着制定相关法律法规并监督各部门切实执行的责任。政府从该制度建立中所获得的最大利益应该转移到农民工在内的弱势群体。地方政府和相关部门对企业不为农民工参加社会保险的行为缺乏必要干预手段，政府甚至把不参加社会保险作为吸引投资的优惠政策。用人单位不够重视或因劳动力成本控制而推卸责任，农民工缺乏自我保护意识、维权能力差，有些农民工自己不想或不敢要求参加社会保险。农民工群体的社会边缘性不利于其表达利益诉求，影响农民工社会保障政策迅速、合理地制定（任丽新，2009）。

4. 采取多种方式完善城市移民社会保障制度、户籍制和就业制度

政府、企业共同承担社会保障任务。政府可以通过实施奖励和惩罚制度对企业移民工人的保障进行调节，对于实行良好保障的企业，政府予以政策上的优惠，对于没有做好保障工作的企业，则予以相应的处罚。只有让企业主动认识到推行保障与企业的生命结合为一体的时候，才能让社会保障真正贯彻到每一个人的身上。社会保障不仅是政府的任务，但目前政府实力还不足以把全社会的人都纳入社保体系，作为具有强大生命力的企业可以支持政府，在社会保障上跟政府走在一线。政府可以采取主导与监督并行的方式。保障农民工合法权益，维护社会公正，消除歧视，提供合理的平台让大家平等相处，增加人与人的沟通与理解。落实好合同制，让员工更加清楚自身的权利与义务。企业也应重视个人的发展，多方面选拔人才，让每个人都有平等就业和升迁的机会。

扩大城市移民的社会支持网络，完善社会保障机制。政府提供信息库，最大可能地公开政府对企业的政策。至今，国家没有一部统一的管理外来务工人员的完整法规，致使在外来务工人员的管理中缺乏法律依据和有效手段。实践

中，不同地区自建管理机构、自订条例、自行解释、自行处罚，在客观上也造成了对现行有关政策、措施的理解和执行产生各种歧义和差异。当发生损害就业权益事件时，往往因缺乏强有力的保护依据而使问题得不到解决。

拓宽农民工就业渠道，实现城乡协调发展，进一步创新户籍制度和现行就业政策。户籍制对于中国现实情况有一定的合理性，应根据具体的情况尝试从其他方面达到效果，以制度上的创新来达到城乡协调发展目标的实现。提供非正规就业的引导和管理，拓宽农民工的就业渠道，进一步解决就业问题。方式的多样化能放宽农民工就业范围，增加服务项目。

第四章 进城务工农民的住房状况和问题研究

本章一方面以进城务工农民（农民工）抽样调查问卷为基础，配合城中村和建筑工棚的实地调研，用统计学和计量经济学的基本方法对进城务工农民居住现状进行描述，并分析进城务工农民住房选择的倾向问题；另一方面以向地方人民政府建设行政主管部门发放的问卷为基础，总结各地在解决进城务工人员住房困难问题中的创新性做法。在总结现实情况的基础上，归纳整理目前进城务工人员住房方面的重要问题，分析产生问题的各种原因。这对了解和掌握农民工真实住房状况，探索农民工住房问题分析方法等都有一定的现实和理论意义。

本章研究主要得出以下几方面结论。

（1）进城务工人员住房条件普遍较差。有超过 80% 的进城务工人员居住在农民出租屋内，绝大多数的人均居住面积还不足 5 平方米，建筑工棚的人均居住面积仅为 1 平方米左右，而且市政服务设施、绿化、公共卫生等条件都比较差。

（2）城镇住房供应体系与进城务工农民的需求不对应。城镇商品房和房改房的租金和价格水平已经大大超出了进城务工农民的支付能力，因此，城中村的农民出租屋、地下空间等成为进城务工农民主要聚居地场所。

（3）进城务工农民实质上并未纳入城镇住房保障体系。调查发现，大部分地方出台的关于解决进城务工农民住房困难问题的政策中，原则性的要求过多，几乎没有什么可以参考的确切标准；进城务工农民住房公积金覆盖率极低，仅有 9% 左右，而且全国只有重庆市在全市范围内建立了真正意义的针对进城务工农民的住房公积金制度。

（4）城镇住房资源配置不均衡与农村土地资源浪费并存。宅基地很大程度上将进城务工农民束缚在了农村，而我国城乡二元的土地制度也使宅基地的货币价值无法体现出来。采取一定的制度创新，在不违反基本土地制度的前提下，将宅基地的使用权通过一定的方式转换成城镇土地使用权（可以理解为进城务工农民购买城镇房屋的货币补贴），实现农村土地和城镇住房保障的置换，是消除其顾虑、提高其住房支付能力的有效途径。

（5）大多数进城务工农民并未把务工城市当作自己最终归宿。他们缺少对于这些务工城市的归属感，都不打算将这里作为自己未来长久居留的地点。通过对北京的调查发现，超过 90% 的进城务工农民有最终回到老家居住的愿望，其中有 80% 左右计划在附近的县城买房并定居，而且有相当一部分的农民工已经在县城购置了房产。

第一节　进城务工农民住房状况分析——以北京市为例

一 研究方法

在本章的研究中，我们采取抽样问卷调查的方式，对在北京市务工农民工的住房方式、居住环境及住房选择的倾向进行研究。本次问卷调查于 2009 年完成。在调查过程中，还辅以一定的实地调研（包括到农民工的聚居点和建筑工棚的调研，详细情况请参见附录内容）和组织部分农民工参加的专题座谈会。本章将重点介绍农民工住房调查问卷的情况及对调查结果进行的统计分析。

二 问卷调查

1. 问卷设计

问卷样表见附录四、附录五。

2. 调查对象基本情况

本次抽样调查共回收有效问卷 404 份。据不完全统计，调研期间在北京地区务工的农民工约为 300 万人，本次抽样调查的比率略高于万分之一。问卷调查的对象主要集中在散居在各个聚居点的农民工，基本没有涉及工厂的集体宿舍及建筑工地工棚的情况。课题组对建筑工地工棚另行组织了专项调研，在报告中会将这部分内容予以详细介绍。

表 4-1 是对接受调查对象个人基本情况的汇总。接受调查农民工的行业分布上，社会服务业和批发零售业所占的比重最高，分别为 45.72% 和 32.71%，而建筑业的比重仅为 15.24%。行业结构同以往统计报告中所公布的真实就业结构存在一定出入，这主要是由于前述的我们调查对象的分布特点所致。性别方面，男女比例约为 2 ∶ 1，其中男性比重偏高。年龄方面，21 ～ 40 岁的农民工比重

最高，达到约 70%，这与事实情况基本相符。工作时间方面，在城镇累计务工 5 年以下的比重最高，占到 55.76%，务工 10 年以下的共占约 92%。教育程度方面，绝大多数农民工都具有初中及以上学历，其中初中学历占到 64.31%，而高中学历也占到了 19.33%。

表 4-1　调查对象基本情况统计

类别	取值	人数 / 人	比例 /%	类别	取值	人数 / 人	比例 /%
行业	制造业	3	0.74	个人年收入	5 000 元以下	44	10.78
	建筑业	62	15.24		5 000 ～ 10 000 元	164	40.52
	社会服务业	185	45.72		10 000 ～ 15 000 元	113	27.88
	餐饮业	23	5.58		15 000 ～ 20 000 元	63	15.61
	批发零售业	132	32.71		20 000 元以上	21	5.20
性别	男	273	67.57	在城镇务工时间总和	5 年以下	225	55.76
	女	131	32.30		5 ～ 10 年	147	36.43
年龄	20 岁以下	38	9.29		10 ～ 15 年	24	5.95
	21 ～ 30 岁	155	38.29		15 ～ 20 年	6	1.49
	31 ～ 40 岁	123	30.48		20 年以上	2	0.37
	41 ～ 50 岁	75	18.59	受教育程度	小学及以下	57	14.13
	51 岁以上	14	3.35		初中	260	64.31
婚姻情况	已婚	279	69.14		高中	78	19.33
	未婚	120	29.74		大学及以上	9	2.23

三 问卷统计分析

1. 住房问题解决方式

（1）整体情况。从图 4-1 中我们可以得出，在我们调查的农民工中，绝大多数是自己租赁住房的，这一比重占到了 62%，其次是用工企业集体宿舍，为 20%。

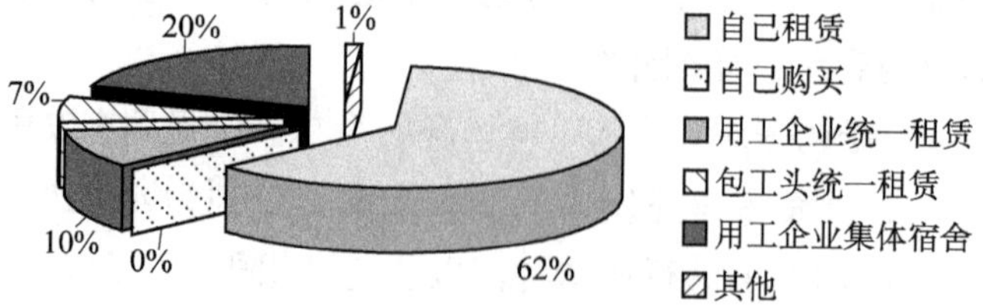

图 4-1　农民工解决住房问题方式的结构分布

（2）分行业情况。根据调查问卷的反馈结果，我们可以总结出各行业农民工解决住房问题的途径结构，如图 4-2 所示。

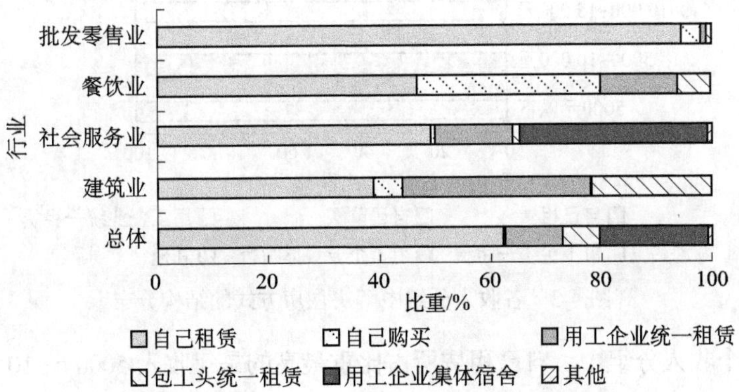

图 4-2　各行业农民工住房解决方式结构分布

表 4-2 反映了各行业农民工解决住房问题方式的结构分布。

表 4-2　各行业农民工解决住房问题方式的结构分布　（单位：%）

解决方式	总体	建筑业	社会服务业	餐饮业	批发零售业
自己租赁	62.08	39.02	48.78	46.67	94.32
自己购买	0.37	0.00	0.81	0.00	0.00
用工企业统一租赁	10.41	4.88	13.82	33.33	3.41
包工头统一租赁	6.69	34.15	1.63	13.33	0.00
用工企业集体宿舍	19.70	21.95	34.15	6.67	1.14
其他	0.74	0.00	0.81	0.00	1.14

表 4-2 显示，从事批发零售业的农民工最主要的是靠自己租赁来解决住房问题，这一比重占到了 94% 以上；而社会服务业中，用工企业集体宿舍的比重同自己租赁的比重相近，分别为 34.15% 和 48.78%；在分散居住的建筑业农民工中，最主要的居住方式为依靠用工企业集体宿舍或者包工头统一租赁，这两种方式的比重总共占到了 56.1%，而自己租赁的也占到了将近 40%。

（3）收入与解决方式的关系。我们将各收入分组中不同居住方式进行了分别的统计，具体见图 4-3。

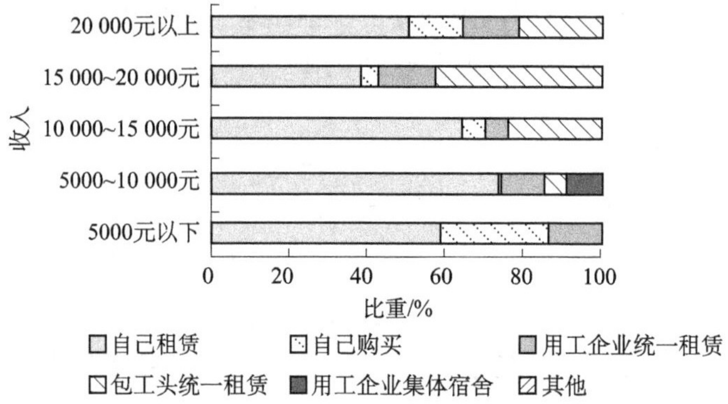

图 4-3 各收入分组中解决住房方式的结构分布

在五个收入分组中，自己租赁所占比重最高的是年收入 5000 ～ 10 000 元的分组，约占 65%，而由包工头统一租赁解决比重最高的则是年收入 15 000 ～ 20 000 元的分组，其比重高达 60% 以上。这也从一个侧面说明了农民工收入和待遇的不均衡分布。收入高的农民工往往属于技术工种，其工作具有很强的专业性和专用性，其所就职的单位往往会为这些农民工提供统一的宿舍。

2. 住房性质

这里主要是按照住房的建造和开发模式进行划分的，主要包括普通商品房、房改房、城中村中的农房（城中村原有的房屋）、城中村中房主自行搭建的房屋、农村的农房和其他（主要包括营业场所和地下空间）。根据我们对结果的测算，农民工住房性质的主要分布如图 4-4 所示。

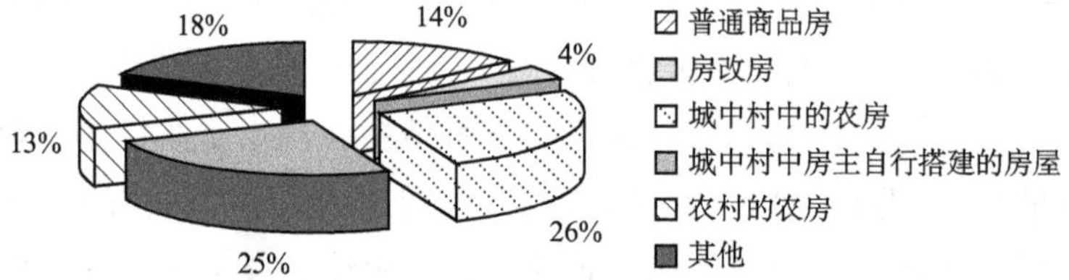

图 4-4 农民工住房性质结构分布

通过图 4-4 我们可以看出，农民出租屋[①]（包括城中村中的原有农房、城中村中房主自行搭建的房屋及农村地区的农房）是农民工住房的最主要性质，其比重占到了 64%。通过调研我们了解到，其他形式中占绝对主导地位的形式就是地下室及经营场所的房间，这种性质的房屋占到 18%。普通商品房的比重占

① 特指城乡结合部或者农村中出租给外来务工人员的房屋，租金很便宜，大部分属于自行搭建的违章建筑，这种房屋的出租行为是违反相关法律规定的。

到 14%，其中绝大多数为群租（包括雇主统一租赁和农民工合租）。

针对前边列举的各种解决方式，不同的房屋性质所占的比重又表现出明显的差异，具体见图 4-5。

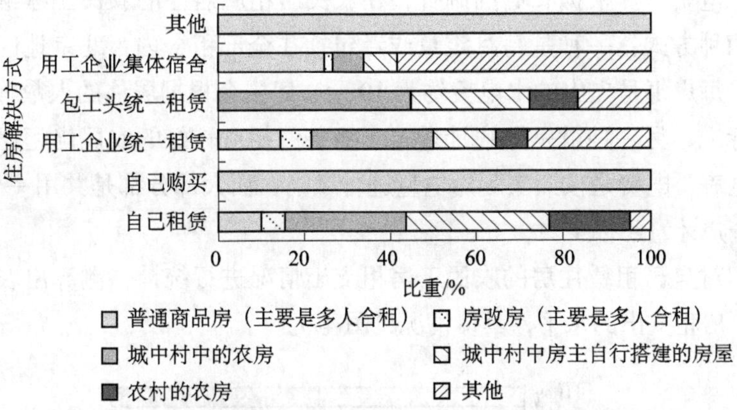

图 4-5 不同解决方式所采用的住房性质结构分布

其中，自己购买和其他（主要是投亲靠友）的农民工所居住的房屋全部为商品房；在自己租赁的情况下，占到最大比重的就是农民出租屋，三种形式加总共占到约 80%，另有将近 15% 属于商品房和房改房性质，其中绝大部分商品房为农民工多人合租，最后的 5% 主要为地下空间；在用工企业统一租赁方面，农民出租屋无疑也是最为主要的形式，共占比重约为 50%，其中地下空间占 29%，商品房和房改房约占 21%；对于包工头统一租赁的情况来说，农民出租屋更是占据着绝对性的主导地位，其比重约为 83%，而剩余的 17% 全部为地下室，这说明在建筑业中，由于受到成本等诸多因素的限制，包工头提供的住房条件无疑相当差；而其他用工企业统一提供的集体宿舍也有超过 50% 的比重为地下室，这也充分说明雇主们对农民工居住条件的重视程度很低。

综合起来，从房屋性质上来看，自己解决住房的农民工居住条件通常比统一解决的要好一些。前者虽然居住商品房和房改房的比重不如后者高，但是，通过我们的调研发现：一方面自己租房的农民工通常不愿意同过多工友共同居住，他们尽可能地保证每人有 5 ～ 10 平方米的空间，而雇主或者单位统一提供的宿舍则是相当拥挤，大部分安排在商品房中的集体宿舍的人均使用面积也不过三四平方米，而这一点结论也可以通过后边介绍的农民工住房意愿来得出；另一方面，统一提供的房屋中，有约 43% 的比重为地下空间、营业场所等，而自行解决的农民工选择地下空间的比重不足 10%，而且作为宿舍居住的地下室也是非常拥挤，人均使用面积很小，这些在后文中都会给予相关介绍。

3. 房屋租金支出情况

（1）整体情况。这里的房屋租金支出，还包括与房租使用相关的一些费用，如水费、电费等。根据我们的调查，在农民出租屋居住的农民工缴纳水电费等主要有两种方式：一种是每月定量或者包括在全部租金内，北京地区大部分农民出租屋每户每月支出的水电费约为 10 元，房主会根据居住的人数等情况来确定收费标准；另一种就是分户计量，一些条件相对较好的农民出租屋都在每户安装了电表，电费是按照实际用电量进行缴纳，而大部分都是共用一个水龙头，水费的分户计量还很少。

我们对自己租赁住房的农民工房租支出情况进行统计，测算出农民工单个就业人口房租支出的水平，具体情况见图 4-6。

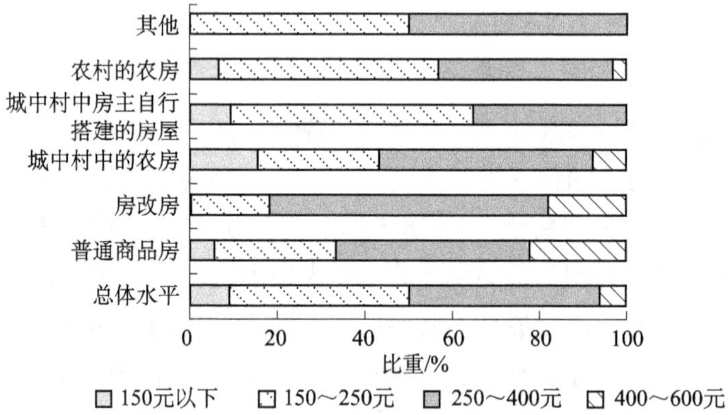

图 4-6　各种房屋的月租金分布情况

从图 4-6 中可以观察到，总体水平上，房屋租金主要集中在 150 ～ 250 元和 250 ～ 400 元的区间上，这两个区间所占的比重超过 84%。我们在各区间取中位数，计算得出各种性质住房的租金均值和众数，具体如表 4-3 所示。

表 4-3　各种性质房屋的单个就业人员月租金支出情况　（单位：元）

类别	总体水平	普通商品房	房改房	城中村中的农房	城中村中房主自行搭建的房屋	农村的农房	其他
平均租金水平	262	315	334	265	232	252	263
租金众数	250 ～ 400	250 ～ 400	250 ～ 400	250 ～ 400	150 ～ 250	150 ～ 250	

根据表 4-3 的数据我们可以看出，居住在城中村中房主自行搭建的房屋中的农民工的租金支出最低，每月均值为 232 元；房改房的租金最高，月均水平达

到了334元。由于样本中租住房改房的个体比较少，因此，房改房租金水平对比普通商品房的优势并不显著。可以说，农民工整体的房租水平较低，单个就业人员的月均支出水平仅为262元。

（2）收入水平与房租支出的对比。我们根据农民工单个就业人口年租金支出与人均年收入情况测算租金收入实际的租金收入比，用以反映农民工真实的住房支付能力和住房负担现状。根据计算，整体上的租金收入比为26.9%，按照国际通行的住房支出占收入水平30%以下的标准，总体上北京市农民工的住房负担并不重，而且具有较强的住房支付能力。根据收入分组情况，我们又详细测算出各个分组的租金收入比，见图4-7。

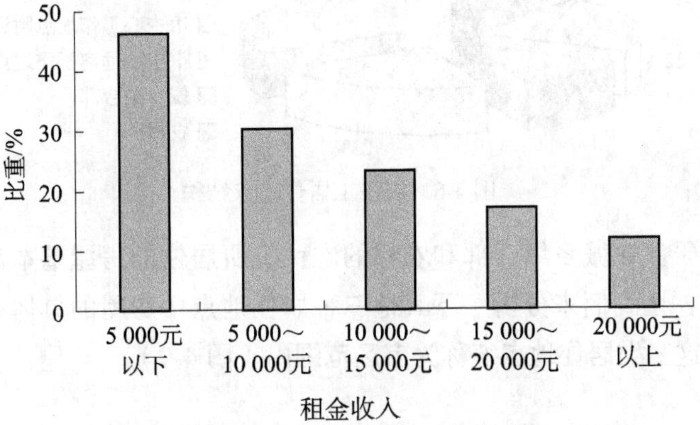

图4-7　农民工租金收入比情况

从图4-7中我们可以明显看出，随着收入水平的提高，住房租金出现了逐渐下降的趋势。年收入5000元以下的农民工，其租金收入比高达46%，而年收入20 000元以上农民工的租金收入比不到12%，位于中间三个分组的租金收入比全部不高于30%。我们通过样本可以推测，租房居住的农民工中，80%以上没有太大的住房支付能力问题。

造成租金收入比随收入水平的提高而明显降低的因素主要来自两方面。第一，农民工住房需求较低，根据我们组织入户调查和农民工座谈会所了解的情况，大多数农民工没有留在北京长期居住的想法。因此，他们对居住条件的要求仅仅是有个容身之处即可，如果农民工选择居住在商品房中，由于租金较高他们可能将选择更多的人合租，另外，大多数农民工住房条件改善的原因可能在于人口的增加、工作地点变迁等非收入性因素，而收入的增长与其改善住房条件之间没有明显的相关性。第二，住房供给的结构较为刚性，在城镇住房体系中可供农民工选择的只有普通商品房（包括房改房）和农民出租屋以及地下室等，而租金水平较高的普通商品房和租金水平很低的农民出租屋之间没有过渡形式，囿于成本因素的考虑，大多数农民工还是会选择租金相对低廉许多的农民出租屋和地下室。

4. 居住地点分析

通过我们对于调查数据的整理，发现相对多数的农民工居住在工作地点或工地内部，这一比重占到了 33%，而居住在市中心工作地点附近及城乡结合部的比重相当，分别占到 23% 和 22%。具体比重见图 4-8。

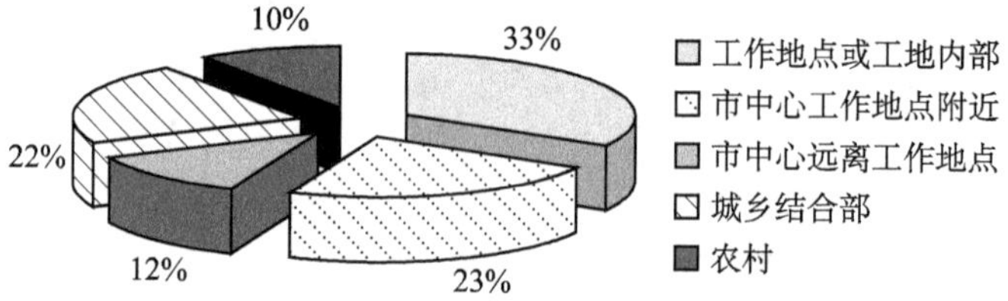

图 4-8　农民工居住地点结构

其中，居住在城乡结合部和农村的农民工所居住的房屋基本都属于农民出租屋，那么，让我们来分析一下其他三种居住地点中房屋的具体结构情况。我们也可以将这三类居住地点统称为市区范围内（图 4-9）。

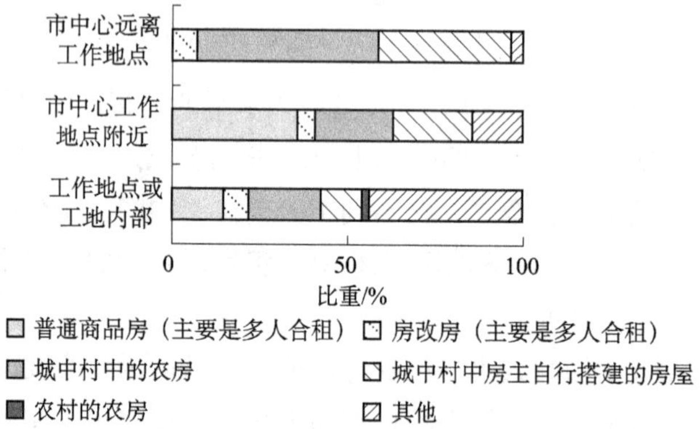

图 4-9　市区范围内居住地点的房屋性质

住在工作地点或工地内部的农民工包括两种情况：一方面他们的住房由雇主来解决，包括统一租赁或者统一提供宿舍等；另一方面主要是个体从业人员，包括社会服务业和批发零售业等，这些人中的许多就是在城乡结合部的一些城中村里工作。如图 4-9 所示，其他（主要是地下室）占的比重接近 44%，普通商品房和房改房的比重也有 18% 左右，这些农民工主要是从事社会服务业，就业场所主要包括发廊、饭店等经营性场所；农民出租屋所占的比重也达到了 36%，这部分主要是那些在城中村里工作的个体从业人员们。

在市中心工作地点附近居住的农民工中，接近 40% 的人住在普通商品房和房改房里，这个比重略低于居住在农民出租屋的 45%，而调查结果显示，这部分人群中大多数都是通过自己租赁来解决住房问题的。这说明农民工选择住房时，距离工作地点的远近是一个非常重要的决定因素，在实地调研中，我们调查了位于北京市海淀区甘家口街道办事处附近的一处农民工聚居点。这里的房子属于周围楼房里的居民私搭滥建的违章建筑，居住条件相当恶劣，许多临时房屋里连窗户都没有，而房屋租金也并不便宜。据居住在那里的农民工介绍，他们选择租住在此一个很重要的原因就是这里地处市中心，距离自己上班的地点很近。

对于居住在市中心远离工作地点的农民工，绝大部分选择了农民出租屋，这一比重高达 96%，成本因素决定了他们对住房的选择。

5. 农民工居住质量分析

居住质量主要包括居住面积、单间居住人数、房屋的自然情况、屋内设备的配备情况及生活配套设施的完善程度，在这部分内容中，我们将根据问卷的反馈结果对这几个问题进行阐述。

（1）人均居住面积情况。我们根据调查的数据，测算出农民工人均居住面积在各个区间上的分布情况，见图 4-10。显然绝大多数农民工的人均居住面积都低于 5 平方米，这一比重占到了 71%。

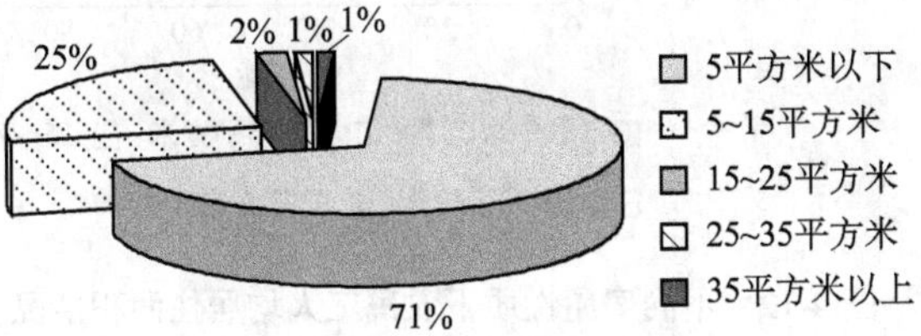

图 4-10　农民工人均居住面积的分布

我们对各种解决方式的居住面积进行统计，结果如图 4-11 所示。

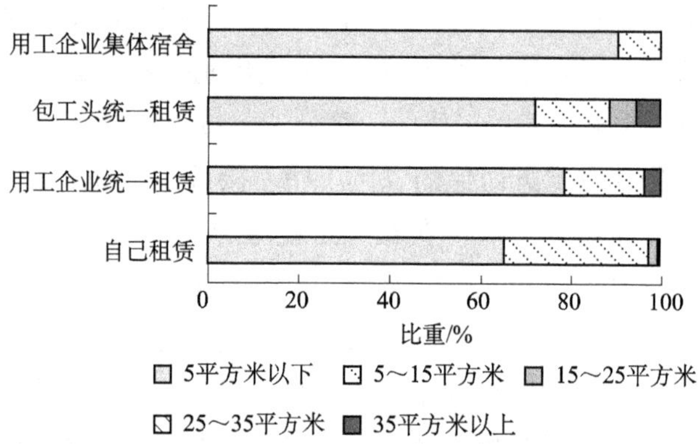

图 4-11　不同住房解决方式下农民工的人均居住面积情况

可以看出，通过自己租赁解决住房问题农民工的人均居住面积似乎好于通过企业或雇主解决的农民工（包括用工企业集体宿舍、包工头统一租赁和用工企业统一租赁），我们根据 T 检验得出，二者在人均居住面积的水平上存在较为明显的差异，但检验结果并不支持前者大于后者的假设。

我们同样对各种房屋性质分类的人均居住面积进行计算，各种性质房屋的面积结构如图 4-12 所示。

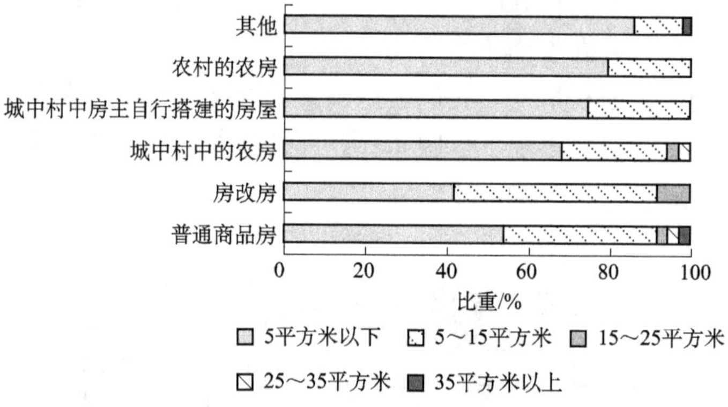

图 4-12　不同房屋性质下农民工人均居住面积情况

通过 T 检验，我们得出，住在商品房和房改房中农民工的人均居住面积大于农民出租屋的居住面积水平，而农民出租屋的水平又大于其他方式的水平，而且这两个均值对比关系都很显著。

（2）单间居住人数。从整体上看，多人同住一个房间的现象在农民工中极为普遍。通过问卷调查，我们可以计算出，单个房间内同时居住农民工的平均数为 4.56 个。对其结构的分析见图 4-13。

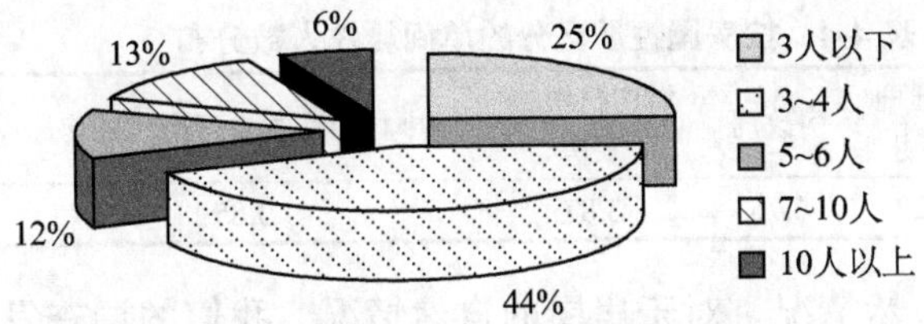

图 4-13　单间居住人数的分布情况

3～4人同住一间所占的比重最大，约为44%，其次是3人以下，占到25%。从整体数据来看，约70%的房间最多居住了4个人，似乎农民工的居住条件并不十分恶劣。然而，通过后边的结构分析，我们就能够得出不一样的结论了。

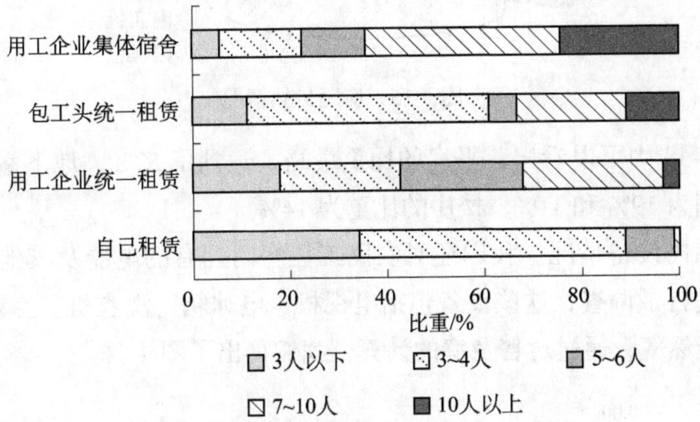

图 4-14　不同住房解决方式下的单间居住人数分布情况

图4-14显示，自己租赁的住房情况要明显好于其他三种由雇主或单位提供住房的形式。按照图4-14纵轴由上至下的排序，每种解决住房方式的单间居住人数的平均值分别为7.98人、5.72人、5.69人和3.18人，如果我们把前三种划入统一提供住房的形式，那么这种形式的单间居住人数均值为6.92人，是自己租赁方式的2倍多。特别是集体宿舍，前文中我们曾经介绍，集体宿舍中地下室的比例超过了60%，而从图4-14中我们可以看出，农民工集体宿舍中有超过60%的比例是7人（含）以上合住的。

如果我们再根据房屋性质进行区分，会得出商品房和其他类住房单间居住人数要明显高于另外四种，其中其他类住房的单间居住人数水平最高，达7.04人，而普通商品房的单间居住人数也有5.28人。如前文所述，这两种房屋性质为集体宿舍最主要的两种来源，而雇主为了降低成本，总是将集体宿舍的居住条件压到最低，七八个甚至十几个人同住一间房间的现象非常普遍。具体数据见表4-4。

表 4-4　按房屋性质区分的单间居住人数分布　（单位：人）

房屋性质	普通商品房	房改房	城中村中的农房	城中村中房主自行搭建的房屋	农村的农房	其他
单间居住人数	5.28	3.75	3.87	3.85	3.12	7.04

（3）房屋自然情况。对于房屋的自然情况，我们的调查发现农民工所居住的房屋主要包括楼房、简易房、平房、地下室等五类，它们的比重见图 4-15。

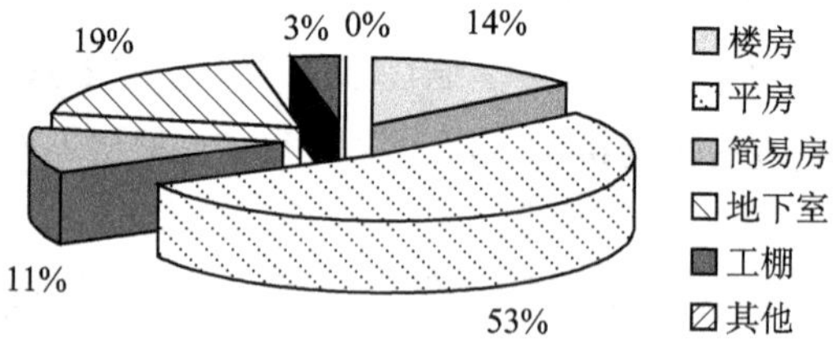

图 4-15　房屋自然情况

从图 4-15 中可以看出，平房的比重最高，达到了 53%，地下室和简易房的比重也分别为 19% 和 11%，楼房的比重为 14%。

（4）屋内设备情况。我们还对农民工住房内拥有的电器及其他生活设施的普及情况进行了调查，这些设备包括电视机、电冰箱、洗衣机、空调、影碟机、电话机和天然气，通过对普及率的计算，我们得出了图 4-16。

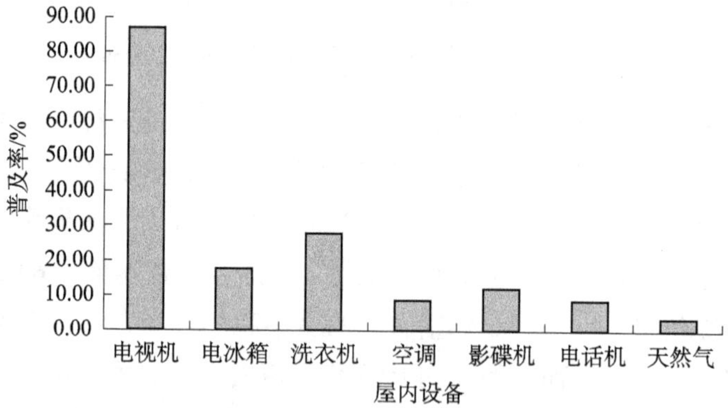

图 4-16　屋内各种电器设施的普及率

可以看出，电视机的普及率最高，达到了 87%，而天然气的普及率最低，仅为 3.72%。全部七种设施都有的农民工仅有 5 人，占总数的 1.2%，而全部七种设施都没有的农民工占总数的比重则高达 12%。

从调研期间农民工的生活现状来看，电视机和洗衣机满足的是农民工最基本的生活需求，甚至可以说是生存需求，特别是电视机，成为农民工在业余时间消遣的重要方式，而洗衣机也逐渐在农民工的生活中得到普及，在许多集体宿舍（包括经营场所和地下室），雇主也已经为农民工提供了洗衣机。而其他的几种在城镇居民看来再普通不过的生活设施却成了满足农民工享受性需求的工具，甚至是一种奢望。一方面，由于农民工居住条件的客观限制，许多城中村或者临时搭建的房屋实现通电话、天然气是几乎不可能的；另一方面，前文谈到，农民工为了能够赚取更多的钱回到老家，将自己的生活支出压到最低，这些享受性的需求大多也就不会满足。当然，一些收入水平比较高或者有更高需求的农民工也会享受这些设施，例如，我们在实地调研的时候就发现，在城中村的农民出租屋中，房主们总会在自己拥有的十几套农民出租屋中选择两三套进行“精装修”，会安装上空调、淋浴，提供洗衣机、冰箱等设施，而这种较高档次、租金比同样面积房屋高出 50% 左右的房子也有许多人需要。

（5）房屋取暖、采光和通风情况。通过对调查问卷的总结和统计，我们得出图 4-17 来表示农民工住房的取暖、采光和通风状况。

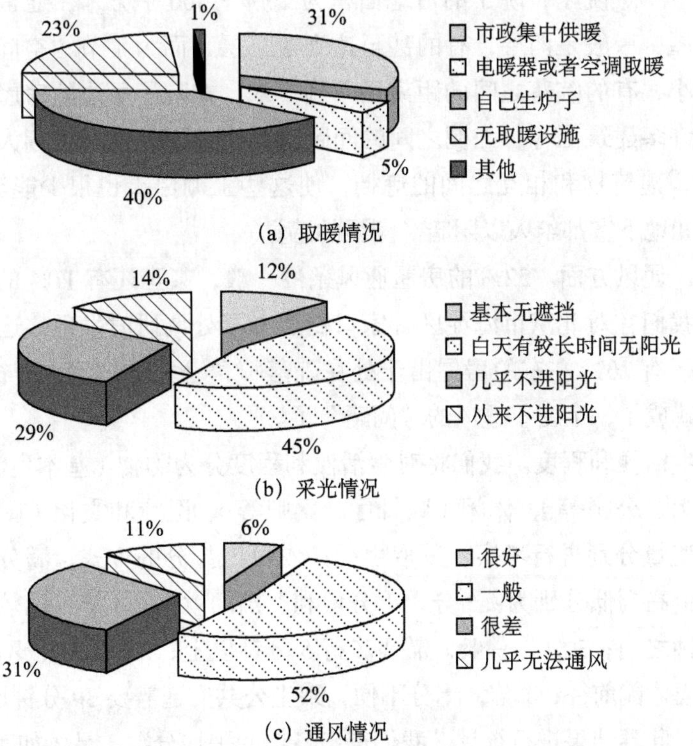

（a）取暖情况

（b）采光情况

（c）通风情况

图 4-17　农民工房屋取暖、通风和采光情况

第一，取暖方面。40% 的农民工通过自己生炉子来解决，而有多达 23% 的房屋没有任何取暖设施。在实地调研中，我们发现由于城乡结合部的农民出租屋在设计和建设方面完全出于出租的目的，因此，大部分农民出租屋内都配有一定的自行取暖设施，主要是煤炉子。而城市市中心附近的临时建筑以及其他形式的农民出租屋，由于缺乏相关的意识，并且大都属于临时性住宅（随时面临拆迁的可能），大多数房主都没有为这些房屋设置取暖设施，而且这些房屋的墙体大部分都是由单层的砖垒制而成，甚至有些是水泥预制板等其他材料，加上大多年久失修，基本上不具备任何的保温功能，建筑工地上一些用劣质材料制成的活动板房也是如此，拿农民工的话来讲，就算生了炉子也根本不起什么作用，最后还得靠体温来取暖。

第二，采光方面。绝大多数农民工居住的房屋都较差，白天几乎不进阳光或者阳光不足的比重占到了 80% 以上，甚至有 14% 的房屋从来都不进阳光，这其中主要包括一些地下室和营业场所。在对农民出租屋进行的调研中，我们发现由于大部分农民出租屋的建筑密度很大，在城乡结合部的城中村中，通常一个房主拥有一个院子，院子的占地面积为 200 ～ 300 平方米，通常要建七八间农民出租屋，一般是两层，有的甚至达到了三层，而为了节约空间，院子之间的空隙很小，有的院落之间的距离还不到 1 米，在院子里边的房屋基本就没有阳光。在许多建筑工地，工棚之间的间距也很小，而且这些工棚大多位于建筑物的附近，建筑物和相互之间的遮挡，使这些工棚白天也很少能够射入阳光，进入工棚和地下室都给人以阴暗、潮湿的感觉。

第三，通风方面。52% 的房屋通风条件一般，甚至还有 11% 的房屋几乎无法通风。我们在对北京市海淀区甘家口街道办事处调研时发现，这里的临时违章建筑中，有 20% 左右的房屋由于处在院落犄角旮旯的位置，连窗户都没有，关上门后就成了一个密不透风的“闷罐”了。

（6）生活便利程度。我们将对生活便利程度分为购物（基本生活用品）、健身（体育馆、公园等）、休闲（歌舞厅、网吧等）、医疗和文化（图书馆、电影院）五个变量分别进行考察，采取由受访农民工打分的方式。满分为 5 分，共分 5 档，由高到低分别为：5 分，十分便利，出门就是；4 分，比较便利，出门步行 5 分钟之内；3 分，一般，需要步行 5 分钟以上；2 分，比较不便，必须乘坐公共交通才能前往；1 分，十分不便，乘坐公共交通需要 30 分钟以上的时间。

通过对问卷结果进行统计，我们得出各项的平均分数，具体如表 4-5 所示。

表 4-5　生活便利程度各项指标的得分情况

项目	总体	购物	健身	休闲	医疗	文化
平均分	2.56	3.90	2.48	2.40	2.45	1.59

根据表 4-5 的结果我们可以得出，购物便利程度在五个项目中最好，平均分达到了 3.90 分，而文化便利程度的平均分数最低，仅为 1.59 分。这也从一个侧面说明，我们农民工日常生活的需求层次还主要停留在马斯洛需求层次的最底层，即满足最为基本的吃、穿等方面的需求。而总的来说，农民工生活便利程度的平均分为 2.56 分，如果满分是 100 分，仅能达到 51 分，属于不及格。

图 4-18 反映了不同项目的得分分布情况，其中，在文化生活方面，有超过 70% 的农民工仅选择了 1 分，而在购买基本生活用品方面，近 60% 的农民工选择了 5 分。

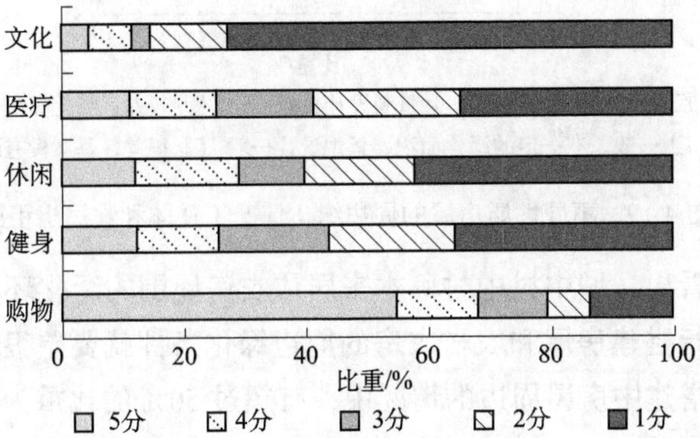

图 4-18　生活便利情况各项指标得分分布

根据对北京市两个农民工聚居地的实地调查结果，我们可以得出一般居住人口较多的地方总是会伴随着农民工的聚居而形成自身的“生态系统”的结论。例如，北京市海淀区甘家口街道办事处城中村的外部就有一个小的农贸市场，这个市场中的商户完全都来自这个聚居区的农民工，而其他农民工大部分的基本生活用品也都在这个市场购买，当然还有周边一些地区的居民到这里来买东西。而在四季青东平庄的城中村内，也有一个小市场，市场里不仅有卖生活用品的小商贩，还有农民工自行开设的饭店、台球室、游艺厅等娱乐设施，“生态系统”在这个聚居区表现得尤为明显，农民工可以在这样的系统内获得几乎各种生活必需品，而且价格较低，基本能够符合他们的购买能力。

（7）居住环境。在这部分内容中，我们主要调查了农民工居住社区的绿化和公共卫生情况。

第一，绿化情况。我们将农民工居住区绿化情况划分了四个等级由受访农民工进行选择，分别是：很好，绿化面积大，且景观设计较好；一般，有一定的绿化面积，景观设计一般；较差，绿化面积很小；很差，基本没有绿化。通过计算我们发现，整体上，农民工居住条件的绿化情况较差，其中选择“一般”的占到40%，而选择“较差”和“很差”的分别占到28%和24%。另外，我们还对三种农民出租屋周围的绿化情况进行了统计，具体结果如图4-19所示。

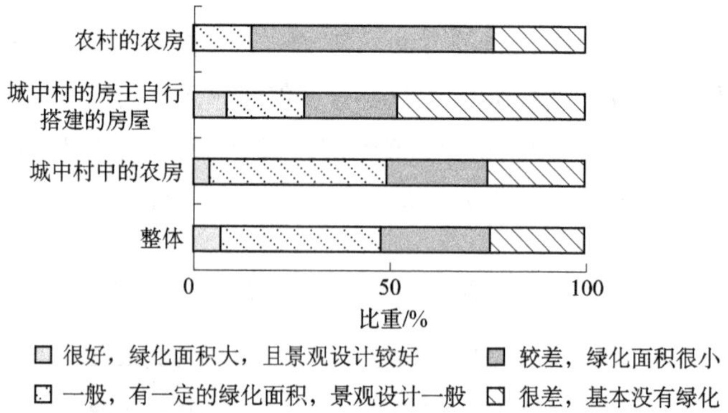

图4-19　不同性质房屋的周边绿化情况（整体和农民出租屋）

我们可以看出，城中村中村民本来居住农房周围的绿化环境和整体情况差异不大，而自行搭建房屋和农村农房的周边绿化条件就要差很多。其中，城中村中房主自行搭建中房屋周边的情况中，有超过50%的比重为“很差，基本没有绿化”，而农村的农房中，有将近90%的比重为“较差”或者“很差”。

第二，公共卫生情况。我们同样将农民工居住的公共卫生环境分为四个等级来测度，分别是：很好，有公共垃圾箱且每天都有专门人员进行收集；一般，有公共垃圾箱但并不是每天都收集；较差，没有公共垃圾箱；极差，垃圾乱堆乱放而且基本无人清理。根据问卷调查的结果，我们得到如图4-20所示的示意图。

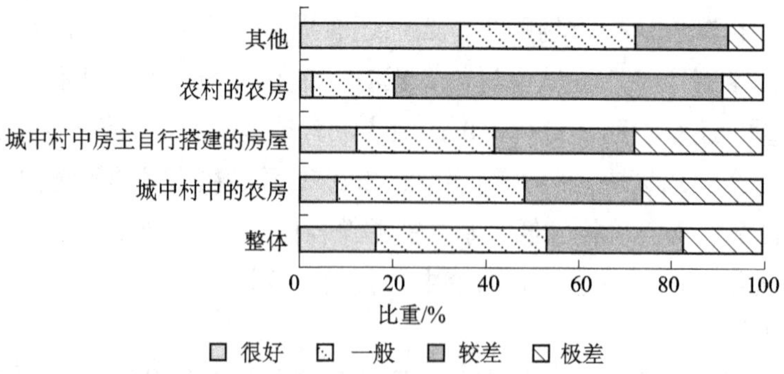

图4-20　不同性质房屋的公共卫生情况

从整体上来看，农民工居住环境的公共卫生条件情况更加偏向“一般”，而在我们分别考察的四类性质住房中，除了居住在农村的农房中的农民工更多地选择了较差和极差外，其余三类性质住房的公共卫生条件都没有明显差异。如果我们将商品房和房改房并入一组，将城中村中的农房、城中村中房主自行搭建的房屋和农村的农房并入一组，其他为一组，根据对这三组之间的差异进行 T 检验发现，它们之间的公共卫生条件并没有明显的差异。而实际中，租住在城市商品房的农民工考虑到房租支出的问题，大多选择一些老的居住小区，而由于物业管理等制度的不完善，这些小区的公共卫生条件自然较差，但是，对大部分城中村来说，农民出租屋的经营性目的很强，大部分房主都会有意识去提高自己“经营场所”的卫生水平以创造更多的租金收益。因此，绝大多数农民出租屋所处环境的公共卫生都会有专人进行打扫，特别是更靠近城市或者在建成区以内的农民出租屋，它们的公共卫生在一定程度上还可以享受到市政服务，公共卫生条件自然相对好一些。

6. 住房选择倾向情况

（1）选择倾向调查结果。我们对农民工在务工城市（这里是指北京市）住房方式选择的意愿进行了调查，其中，住房方式意愿包括买房、租房和居住集体宿舍。发现更多的农民工愿意在北京租房居住，其比重占到 54%，其次是买房和居住集体宿舍，所占比重分别为 33% 和 13%（图 4-21）。

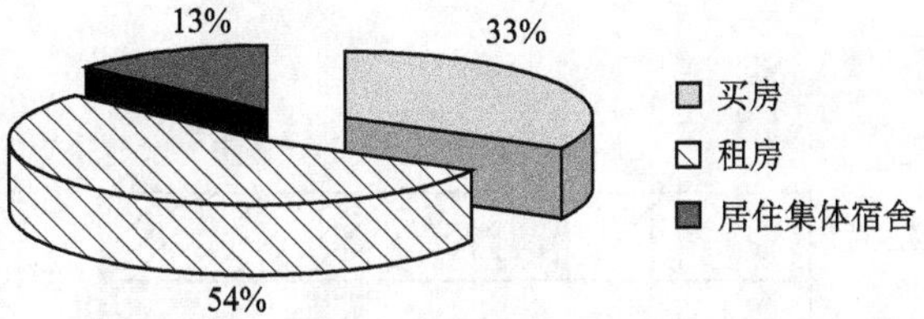

图 4-21　住房选择倾向情况

用不同方式解决当前住房问题的农民工之间，他们的住房意愿也存在着比较明显的差异，我们将前述的六种住房解决方式删减为两种，分别是个人租赁和集体宿舍，并得出两种情况的不同住房意愿的分布结果，具体见图 4-22。

个人租房居住的农民工中，倾向居住集体宿舍的比例极低，仅有 3.3%，而买房和租房的比例都相对较高，分别达到了 37.3% 和 61.4%。对于那些居住集体宿舍的农民工，有更多的人选择居住集体宿舍，这一比重占了 33%，选择租房的比重为 44.3%，另有 22.7% 的农民工选择买房。

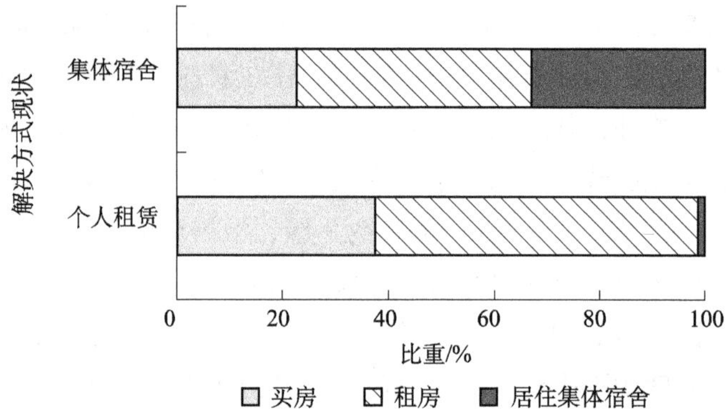

图 4-22　不同住房解决方式下的住房选择倾向

（2）住房选择的决定因素分析。第一，买房。在倾向买房的决定因素中，我们选取了五项，分别是拥有财产、得到城里人的认同、为孩子今后的生活考虑、提高生活质量、心理上的攀比。我们发现，被排在第一位的影响因素中，为孩子今后的生活考虑所占的比重最高，约为 60%；第二位是拥有财产，占到 19%；排在第三位的因素中，大部分人选择提高生活质量，比重占到了 52%。在我们的调查过程中发现，许多在城里辛勤工作的农民工都主要是为了孩子能有一个更好的未来，包括对住房条件的选择，当然也包括在买房的原因方面，甚至一些 20 岁左右还未结婚的农民工，都会将为孩子今后的生活考虑放在决定其买房的第一位因素。具体见图 4-23。

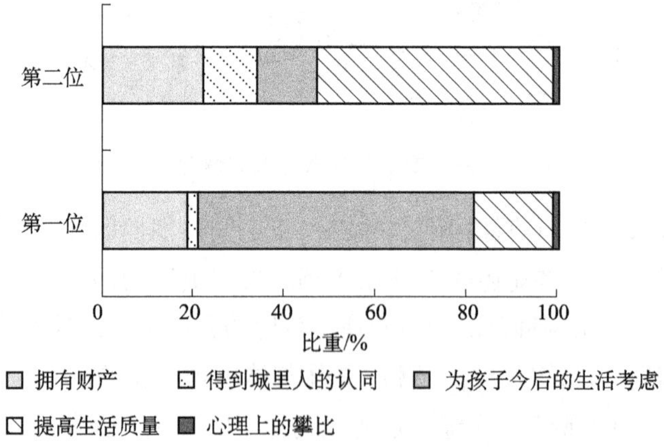

图 4-23　选择买房农民工前两位的决定因素情况

第二，租房。对选择租房决定因素的调查，我们同样设置了五项因素，分别是成本因素、便于随着工作的改变而搬家、提高家庭生活质量、不打算在这里长期居住和可以与同乡居住在一起。具体结果见图 4-24。

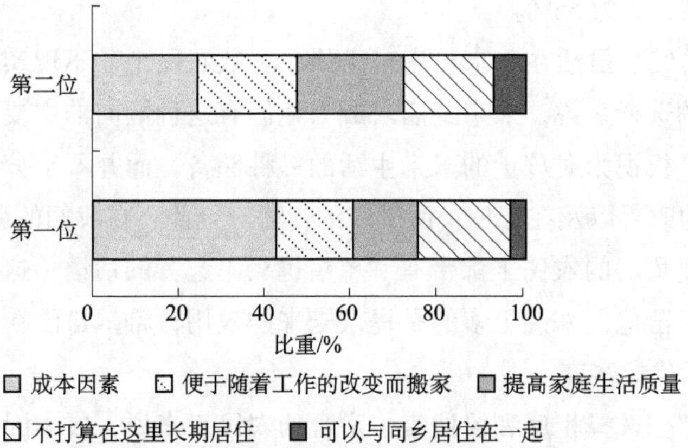

图 4-24 选择租房农民工前两位的决定因素情况

我们可以发现，对于更倾向于租房的农民工来说，排在第一位的决定因素中，选择成本因素的比重最高，占到了 42%，而不打算在这里长期居住位居次席，占了 21%；在排在第二位的决定因素中，成本因素、便于随着工作的改变而搬家、提高家庭生活质量、不打算在这里长期居住所占的比重差异很小，分布在 21% ～ 24%。

第三，集体宿舍。我们将选择居住集体宿舍的决定因素分为五种，分别是成本因素、方便工作、雇主的硬性要求、喜欢和工友们居住在一起和生活比较方便。决定因素选择的结果见图 4-25。

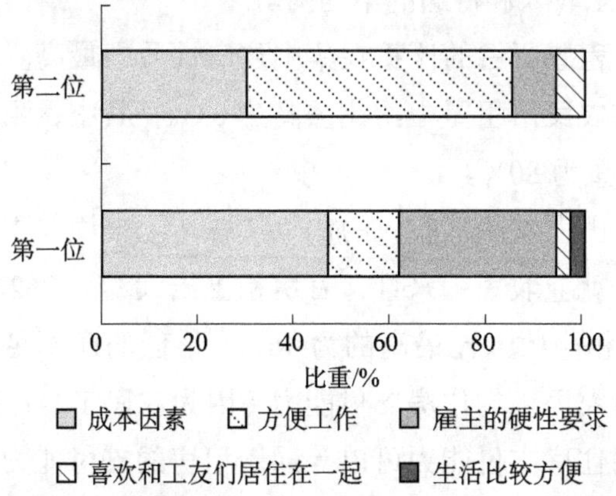

图 4-25 选择集体宿舍农民工前两位的决定因素情况

成本因素在所有影响因素中无疑是最重要的，从受访农民工对五项决定因素的排序上来看，排在第一位的因素中，成本因素的比重超过了 47%，而所占比重其次的是雇主的硬性要求，为 32%；在排在第二位的决定因素中，方便工作的比重最高，约为 55%。

第四，总结。虽然在北京买房对于绝大多数农民工还不现实，但从更愿意买房农民工的选择来说，未来的需求成为他们有这种倾向的主要原因。他们大多都把住房产权视为对孩子的未来生活的一种储备，而并不十分关注拥有产权对自己生活的改善以及在心理上所带来的优势。因此，在我们的调查中也发现，绝大多数想要买房的农民工都带有“想买也买不起”的话语（这毕竟是实话），但买房行为对于他们来说更多的是提供未来的效用，希望自己在今天的艰苦生活能够带来后代的富庶。

对于大部分选择租房和居住集体宿舍的农民工来说，成本因素这个极为现实的情况成为决定他们偏好的主要原因。因此我们可以得出，更愿意租房居住的农民工更加注重今天生活的相对舒适和便宜，更加注重自己及家人在短期内的生活质量。

7. 结论和分析

第一，租房居住是农民工解决住房问题的主要形式。在我们的调查中，有超过 60% 的农民工采用租房的方式来解决住房问题。其中，批发零售业中农民工租房居住的比重超过了 94%。然而，通过对不同收入分组的分析，我们发现收入水平较高的农民工租房租金的比重反而相对小，而居住集体宿舍的租金比重却相对大，特别是在个人年收入 15 000 ～ 20 000 元区间的农民工，这从另一个角度反映出农民工收入和待遇的不均衡。

第二，农民出租屋所占的比重在集中住房性质中最高。在我们调查的全部农民工中，居住在农民出租屋中的比重高达 63%，其中，租房的农民工中，租住农民出租屋的比重为 80%。

第三，房租支出占农民工收入的比重从总体上来说并不高。在我们调查的农民工中，按单个就业农民工来计，月房租支出大约为 262 元，占月人均收入的 26.9%。其中，租金收入比最高的为 46%，最低的还不足 10%。因此，从整体上来看，北京市农民工的住房支付能力（因为农民工自己购买房屋的比重并不高，所以这里的住房支付能力可以等同于租房的支付能力）尚可，也就是说并不存在太大的住房支付能力问题。

第四，农民工的居住质量普遍较差。在人均居住面积方面，大部分受访农民工的绝大多数水平都低于 5 平方米，在不同性质房屋之间进行比较，商品房和房改房的情况要明显好于农民出租屋，农民出租屋的情况又要明显好于地下室和营业场所等。

受访农民工中，将近一半的比重是 3 ～ 4 人一间居住，然而，从结构上分析，商品房和地下空间单间居住人数要明显高于另外四种，其中后者的单间居住人数水平最高，达 7.04 人，而商品房的单间居住人数也有 5.28 人。平房、地下室和简易房的比重超过了 80%，而楼房仅占不到 14%。在室内电器设备方面，电视机的普及率较高，能够达到 80% 以上，其他电器都不超过 30%。房屋取暖、采光和通风的条件也都比较差，有 23% 的房屋没有任何取暖设施，80% 以上的房间白天几乎不进阳光，甚至还有 10% 的房屋根本无法通风。在生活便利程度方面，只有购物条件相对较好，健身、医疗、休闲和文化方面的条件都很差。农民工居住区的绿化条件差强人意，将近 50% 的房屋周边绿化条件能够达到一般水平；公共卫生条件也比较一般，但不同性质房屋之间的差距很大，其中居住在农村的农房中的受访农民工认为他们的绿化条件非常差。

第五，更多的农民工更愿意租房居住。在我们调查的农民工中，有超过 44% 的农民工更倾向于在其务工的城市（北京）租房居住。相对住集体宿舍的农民工而言，自己租房居住的农民工希望买房的比重更高，极少有倾向于住集体宿舍的。

第六，农民工想买房更多的是为将来考虑，想租房或者居住集体宿舍更多的是为现实考虑。倾向于买房的农民工有 60% 的人认为为孩子今后的生活考虑是决定他们有如此想法的首要因素；而对于倾向租房和居住集体宿舍的农民工，成本因素是他们考虑的第一决定要素，有这样想法的农民工分别占到 42% 和 47% 的比重。

四 问卷计量分析

1. 列联表分析

列联表分析是通过数据（定性变量）按照两个或者更多属性出现的频率，来测算不同变量间相关性的统计工具，是研究定性变量相关性的重要方法。

我们假设农民工的收入、务工时间、受教育程度、行业、性别、年龄、婚姻状况、是否育有子女、当前住房解决方式都与最终的住房选择倾向存在相关关系，并进行多维的列联表分析，测算以上几种因素与住房选择倾向之间的相关关系。

从表 4-6 的数据中我们可以得出，“是否育有子女”和“婚姻状况”与农民工住房选择的相关性较差，而且也未通过假设检验（*P* 值较高）。

表 4-6　几种因素的列联表分析结果

影响因素	当前住房解决方式	行业	收入	务工时间	年龄	受教育程度	性别	是否育有子女	婚姻状况
卡方检验	78.039	43.369	35.394	19.001	15.573	14.043	9.208	4.162	3.237
P 值	0.000	0.000	0.000	0.089	0.212	0.121	0.027	0.900	0.779

2. 农民工住房选择的多项逻辑回归分析

（1）相关定义和规定。逻辑回归（logistic regression）是研究因变量为定性变量时，不同自变量对于因变量选择的影响关系。如果因变量为二项，或者说有两个选择，这时的逻辑回归为二元逻辑回归（binary logistic regression）；如果因变量有多个选择，我们就称之为多项逻辑回归（multinomial logistic regression）。

对于农民工住房选择意愿的研究，我们在问卷中设置了“买房”“租房”和“居住集体宿舍”三个选项，在前边的列联表分析中，我们针对假设的几个影响因素进行筛选，得出“当前住房解决方式”“行业”“收入”“务工时间”“年龄”“受教育程度”和“性别”变量对于农民工最终的选择有比较显著的影响。在多项回归分析中，我们就能够深入地探讨这些因素对农民工住房选择的最终影响情况。

由于在本模型中全部变量为定性变量，因此，根据多元逻辑回归模型的要求，必须将这些变量用一定的数字来表示，表 4-7 即为这些定性变量的数字表示形式。

表 4-7　各定性变量的表示形式

住房选择倾向		住房解决方式		行业		收入	
买房	1	自己租赁	1	制造业	1	5 000 元以下	1
租房	2	自己购买	2	建筑业	2	5 000 ～ 10 000 元	2
居住集体宿舍	3	用工企业统一租赁	3	社会服务业	3	10 000 ～ 15 000 元	3
		包工头统一租赁	4	餐饮业	4	15 000 ～ 20 000 元	4
		用工企业集体宿舍	5	批发零售业	5	20 000 元以上	5
		其他	6				
务工时间		年龄		受教育程度		性别	
5 年以下	1	21 岁以下	1	小学及以下	1	男	1
5 ～ 10 年	2	21 ～ 30 岁	2	初中	2	女	2
10 ～ 15 年	3	31 ～ 40 岁	3	高中	3		
15 ～ 20 年	4	41 ～ 50 岁	4	大学及以上	4		
20 年以上	5	50 岁以上	5				

（2）全部假设因素的多项逻辑回归分析。我们用 SPSS 软件对样本进行多项逻辑回归分析。在对样本进行多项回归分析的时候，首先要设定因素变量（factor），因素变量之外的自变量自动归类为协变量（covariate）。我们将以上提到的七项自变量分别设为因素变量进行了测算，并得出表 4-8 中的数据。

其中，“Sig.”列单元格中的数据表示显著关系；AGE、TIME、EDU、IND、GENDER、CON 和 INCOME 分别代表年龄、务工时间、受教育程度、行业、性别、当前住房解决方式和收入。

而按照多项回归模型的基本原理以及 SPSS 软件的计算法则，“B”列单元格中的数据都是同“Option=3”即选择居住集体宿舍的农民工的情况进行对比的参数估计结果，“EXP(B)”列单元格内的数据显示了与选择居住集体宿舍的情况相比，不同的农民工（按照前述的 7 项自变量来进行划分）选择相应住房倾向（买房和租房）的可能性的倍数。因此，在下列陈述中，如未特别指出，都是选择居住集体宿舍的情况相对比的分析结果。

根据“Sig.”列（P 值）和“EXP(B)”列的数值来判断，我们可以判断出受教育程度、行业和收入同农民工住房选择倾向的关系并不显著。

（3）部分因素的多项逻辑回归分析。根据前边的统计结果，我们可以将影响选择差距不显著的因素剔除掉。在下边的多项逻辑回归分析中，我们将务工时间、性别、年龄和住房解决方式列为因素变量，来判断这些因素与农民工住房选择之间的关系。

表 4-8　全部因素的多项逻辑回归结果

模型 1				模型 2			
自变量	系数	系数的自然指数	显著度	自变量	系数	系数的自然指数	显著度
[AGE=1]	2.911	18.370	0.053	[AGE=1]	2.525	12.487	0.069
[AGE=2]	2.034	7.644	0.131	[AGE=2]	2.185	8.886	0.075
[AGE=3]	2.313	10.110	0.095	[AGE=3]	2.411	11.149	0.057
[AGE=4]	0.985	2.677	0.470	[AGE=4]	1.265	3.542	0.304
[AGE=5]	0(b)	—	—	[AGE=5]	0(b)	—	—
[TIME=1]	4.689	108.695	0.011	[TIME=1]	−14.019	8.16×10^{-7}	0
[TIME=2]	6.113	451.885	0.001	[TIME=2]	−13.363	1.57×10^{-6}	0
[TIME=3]	5.637	280.579	0.006	[TIME=3]	−14.370	5.74×10^{-7}	0
[TIME=4]	5.685	294.439	—	[TIME=4]	−13.379	1.55×10^{-6}	—
[TIME=5]	0(b)	—	—	[TIME=5]	0(b)	—	—
[EDU=1]	−0.832	0.435	0.576	[EDU=1]	1.307	3.694	0.453
[EDU=2]	0.313	1.367	0.824	[EDU=2]	2.472	11.852	0.143
[EDU=3]	1.265	3.542	0.423	[EDU=3]	3.240	25.542	0.076
[EDU=4]	0(b)	—	—	[EDU=4]	0(b)	—	—
[IND=1]	−19.73	2.7×10^{-9}	0.997	[IND=1]	−39.589	6.41×10^{-18}	—
[IND=2]	−19.54	3.266×10^{-9}	0.997	[IND=2]	−19.267	4.29×10^{-9}	0.997
[IND=3]	−18.56	8.697×10^{-9}	0.997	[IND=3]	−17.895	1.69×10^{-8}	0.997
[IND=4]	−18.99	5.66×10^{-9}	0.997	[IND=4]	−17.736	1.98×10^{-8}	0.997
[IND=5]	0(c)	—	—	[IND=5]	0(c)	—	—
[GENDER=1]	−1.129	0.323	0.118	[GENDER=1]	−1.120	0.326	0.110
[GENDER=2]	0(b)	—	—	[GENDER=2]	0(b)	—	—
[CON=1]	−13.292	1.688×10^{-6}	0	[CON=1]	4.828	124.969	0
[CON=2]	1.395	4.033	—	[CON=2]	0.545	1.725	—
[CON=3]	−16.346	7.964×10^{-8}	0	[CON=3]	1.536	4.644	0.033
[CON=4]	−17.551	2.385×10^{-8}	0	[CON=4]	2.072	7.942	0.005
[CON=5]	−16.963	4.294×10^{-8}	—	[CON=5]	1.095	2.990	—
[CON=6]	0(b)	—	—	[CON=6]	0(b)	—	—
[INCOME=1]	18.954	170477358	0	[INCOME=1]	19.821	405538808	—
[INCOME=2]	0.272	1.312	0.788	[INCOME=2]	0.749	2.115	0.458
[INCOME=3]	0.424	1.529	0.676	[INCOME=3]	0.528	1.695	0.605
[INCOME=4]	−0.980	0.375	0.372	[INCOME=4]	0.604	1.830	0.557
[INCOME=5]	0(b)	—	—	[INCOME=5]	0(b)	—	—

通过 SPSS 的计算，我们得出了该模型整体的拟合程度，见表 4-9。

表 4-9　模型拟合程度检验

模型	似然比值	卡方值	自由度	显著度
Intercept Only	286.368			
Final	181.363	105.004	28	0.000

表 4-9 中，−2LL 值为 181.363，而且 P 值近似为 0，说明模型整体的拟合程度较好。

表 4-10　似然比检验列表

自变量	简化模型的似然比值	卡方值	自由度	显著度
Intercept	181.363	0.000	0	—
TIME	194.040	12.677	8	0.123
GENDER	184.583	3.219	2	0.200
AGE	193.657	12.293	8	0.139
CON	247.253	65.890	10	0.000

表 4-10 是对全部自变量的似然比检验结果，全部自变量的 −2LL 值都不高。通过 P 值来检验显著性，住房解决方式的显著性相当好，而其他三个因素的显著性稍差，但对于我们这个小样本来说，P 值不超过 0.200，基本能够通过显著性的检验。

最终的参数估计结果见表 4-11。

表 4-11 参数估计结果列表

模型（a）		系数	标准误	检验	自由度	显著度	系数的自然指数
1	Intercept	12.498	2.408	26.939	1	0.000	—
	[TIME=1]	3.545	1.807	3.846	1	0.050	34.630
	[TIME=2]	4.896	1.845	7.043	1	0.008	133.813
	[TIME=3]	3.846	2.083	3.409	1	0.065	46.811
	[TIME=4]	5.074	0.000	—	1	—	159.803
	[TIME=5]	0(b)	—	—	0	—	—
	[GENDER=1]	−1.037	0.679	2.333	1	0.127	0.355
	[GENDER=2]	0(b)	—	—	0	—	—
	[AGE=1]	3.525	1.645	4.593	1	0.032	33.938
	[AGE=2]	2.707	1.477	3.360	1	0.067	14.977
	[AGE=3]	2.988	1.533	3.798	1	0.051	19.853
	[AGE=4]	1.349	1.514	0.794	1	0.373	3.852

续表

模型（a）		系数	标准误	检验	自由度	显著度	系数的自然指数
	[AGE=5]	0(b)	—	—	0	—	—
	[CON=1]	−14.567	0.903	260.327	1	0.000	4.716×10^{-7}
	[CON=2]	0.762	0.000	—	1	—	2.143
	[CON=3]	−17.498	0.744	552.692	1	0.000	2.516×10^{-8}
	[CON=4]	−20.274	1.172	299.287	1	0.000	1.567×10^{-9}
	[CON=5]	−18.601	0.000	—	1	—	8.354×10^{-9}
	[CON=6]	0(b)	—	—	0	—	—
2	Intercept	14.141	2.150	43.253	1	0.000	
	[TIME=1]	−15.055	1.567	92.303	1	0.000	2.896×10^{-7}
	[TIME=2]	−14.523	1.615	80.861	1	0.000	4.927×10^{-7}
	[TIME=3]	−15.976	1.893	71.199	1	0.000	1.152×10^{-7}
	[TIME=4]	−14.047	0.000	—	1	—	7.934×10^{-7}
	[TIME=5]	0(b)	—	—	0	—	—
	[GENDER=1]	−1.096	0.652	2.827	1	0.093	0.334
	[GENDER=2]	0(b)	—	—	0	—	—
	[AGE=1]	2.957	1.516	3.805	1	0.051	19.247
	[AGE=2]	2.631	1.349	3.807	1	0.051	13.893
	[AGE=3]	2.928	1.409	4.317	1	0.038	18.695
	[AGE=4]	1.417	1.383	1.050	1	0.306	4.124
	[AGE=5]	0(b)	—	—	0	—	—
	[CON=1]	3.469	0.870	15.886	1	0.000	32.101
	[CON=2]	−0.056	0.000	—	1	—	0.945
	[CON=3]	0.364	0.671	0.295	1	0.587	1.440
	[CON=4]	−0.714	0.657	1.181	1	0.277	0.490
	[CON=5]	−0.660	0.000	—	1	—	0.517
	[CON=6]	0(b)	—	—	0	—	—

3. 结论和分析

通过前边的一系列统计分析，考虑到相关性和显著性的因素，我们可以得到以下几点主要结论。

第一，对比选择集体宿舍而言，40 岁以下的农民工更倾向于选择买房和租房，而我们不能拒绝 41 ～ 50 岁和 50 岁以上的农民工对于选择集体宿舍有相同倾向的假设，即 40 岁以上的农民工具有比较一致的住房选择倾向。

第二，对比选择集体宿舍而言，农民工选择买房和租房的可能性会因为务工时间的不同而产生一定的显著性差异。其中，务工时间在 5 ～ 10 年的农民工最有可能选择买房，与务工时间超过 20 年的农民工相比，他们选择买房的可能性达到了 452 倍。而对于选择租房的情况，务工时间小于 20 年的农民工都更不愿意选择去租房。

第三，性别之间的选择存在一定的差异。男性比女性更愿意居住集体宿舍。

第四，住房解决方式的不同导致了明显的选择性差异。对比住房解决方式为“其他”的农民工而言，其他住房解决方式的农民工都更不愿意买房，其中只有通过买房来解决住房问题的 1 个样本例外，而在选择租房方面，绝大多数农民工对比解决方式为“其他”的而言，都更愿意去租房。

第二节　现有解决农民工住房问题的政策评估

本部分的研究仍然采取问卷调查的形式，调查对象主要是各省、自治区、直辖市的建设行政主管部门，以及各省会、首府城市和计划单列市的建设行政主管部门。本次问卷调查于 2009 年完成，共发放问卷 68 份，回收有效问卷 40 份。

一　现有解决农民工住房问题的主要方式

1. 农民工公寓制度

（1）杭州。2007 年，杭州市颁布实施了《关于杭州市区外来务工人员公寓建设和租赁管理暂行规定的通知》（杭政办〔2007〕18 号），提出要为全部外来务工人员（包括农民工）建设公寓，并且必须坚持市场导向、政府适度保障和“只租不售”的原则进行建设和管理。要求近 3 年（2008 ～ 2010 年）各区每年开工量应不少于 2 万平方米（上城区为 1 万平方米）。在建设管理方面，采用市场化的原则确立建设经营单位，所涉及的税费参照经济适用住房的相关政策，在户型上以集体宿舍的形式为主，并配一定比例的成套户型。在租赁管理方面，外来务工人员申请入住外来务工人员公寓的，应凭个人身份证等材料向所在区房管部门提出申请。经核准，符合条件的外来务工人员应与外来务工人员公寓的经营管理单位签订租赁协议，租金标准方面在成本租金的基础上享受一定比例的优惠。

（2）贵州。2008 年，贵州省出台了《关于逐步改善农民工居住条件的指导意见》(黔建房改通〔2008〕316号)，对农民工住房问题进行了原则性的指导。贵阳市也制定了相关的详细规定，并在贵阳市白云区艳山红镇启动了“流动人口公寓”建设工程，共建造150套公寓，并以接近建设成本的微利向农民工出租。

(3)赣州。2008年，江西省赣州市印发了《赣州市中心城区新市民公寓建设管理实施方案(试行)》。新市民公寓是指，由政府提供政策优惠，确定建设标准，限定销售价格，面向在市中心城区务工、有一技之长的专业技术和管理人才出售的保障性经济适用住房，纳入中心城区经济适用住房管理。其中，符合这一条件的农民工也被纳入公寓的供应范围。截至2009年8月，赣州市出售518套新市民公寓，同时还有近500套公寓在建。

2. 公共租赁住房和经济适用住房制度

(1)深圳市将农民工纳入公共租赁住房保障范围。在《深圳市人民政府关于进一步加强农民工工作的意见的通知》(深府〔2006〕243号)和《深圳市公共租赁住房管理暂行办法》(深府〔2008〕36号)中仅仅做了原则性的规定，提出对于长期在深圳务工的农民工，可以考虑将其纳入公共租赁住房的保障范围内。

(2)甘肃省允许符合条件的农民工购买经济适用住房。2008年，甘肃省出台了《关于改善农民工居住条件的实施意见》，做出多项规定，用3～5年的时间逐步改善农民工的居住条件。其中，把在城市连续工作3年以上、具有稳定收入来源的农民工纳入经济适用住房供应范围，可以申请购买当地经济适用住房。甘肃省改善农民工居住条件的具体工作从2009年1月开始，其中农民工数量较大、相对集中的甘肃省省会兰州市从2008年10月开始实施。

3. 廉租住房制度

(1)广东。2008年12月，广东省发布《转发省劳动保障厅关于切实做好当前农民工稳定就业工作意见的通知》，要求从八个方面着手稳定农民工的就业。其中一个重要内容就是，“有条件的地方，可将拥有技师以上职业资格的农民工技术骨干纳入当地政府廉租住房保障体系”。

(2)广西。从2009年开始，广西壮族自治区将长期在城市就业与生活的农民工居住问题纳入经济租赁住房和廉租住房保障范围。

(3)青岛。2008年以来，青岛市集中建设的廉租住房小区中，有较大的部分定向供给在城市中有稳定工作的农民工。2008年7月，青岛市发布的《青岛市2008至2012年住房建设发展规划》公告指出：未来5年将开工建设各类保障性住房 477.5 万平方米，约 71 500 套，向农民工提供居住场所。

4. 住房公积金制度

（1）重庆。2009 年，重庆市颁布实施了《关于住房公积金管理有关具体问题的规定》（渝住公积金委发〔2009〕1 号），文件的第一条就提出进城务工农民工可缴存住房公积金。文件规定："有固定用工单位的农民工，其所在单位及农民工个人都应按照在职职工的缴存标准按时缴存公积金；无固定用工单位的农民工，其个人按月缴存公积金的工资基数，不得低于上年全市城镇经济单位职工最低工资标准的 60%，不得高于上年全市城镇经济单位职工平均工资的 3 倍，缴存比例在现行规定范围内自行确定。"在公积金提取方面，文件规定"缴存人为农民工的，可以每年提取一次本人账户余额"。在 2009 年我们所调查的省市中，重庆市是唯一一个在文件中将农民工列为住房公积金政策覆盖对象的地区。特别是，没有固定用工单位的农民工也可以缴存住房公积金，实为制度上的一项重要创新，虽然这部分农民工仅有个人缴存的部分，但缴存的住房公积金可以享受免税等优惠政策，并使其能够利用住房公积金贷款购买住房。

（2）青岛。虽然没有出台相关的规章制度和政策性文件，但青岛市建设管理局最近的一项调查显示，约 8% 的农民工正在缴存住房公积金。

（3）江西。《江西省人民政府关于解决农民工问题的实施意见》（赣府发〔2006〕25 号）提出，有条件的城镇单位招用农民工，用人单位和个人可缴存住房公积金，用于农民工购买和租赁住房。

（4）深圳。《关于印发深圳市住房公积金制度改革方案的通知》（深府〔2009〕107 号）的文件提出要将农民工纳入住房公积金体系中的要求，具体政策正在研究过程中。

5. 其他方面的补贴及鼓励政策

（1）海口市，农民工租房由单位负责、政府进行补贴。海口市将农民工列入本辖区低收入家庭住房困难保障对象管理范畴，采取对农民工临时住房由用人单位负责为主，政府发放适当住房补贴为辅，由其到市场上租赁住房；或统一建设适量农民工公寓，以农民工可承受的合理租金供其租住。

（2）湖南省，支持农民工贷款买房。2008 年，湖南省出台相关政策，提出要将农民工纳入住房保障体系，并以之作为一项考察地方政府绩效的重要指标，指出要对部分农民工贷款买房的行为进行一定力度的支持，但至今仍未出台相关的实施细则。

二 现有农民工住房的管理政策和机构

1. 对居住在城中村农民出租屋内农民工的管理

从问卷回收的情况来看，大部分地区对于这方面都没有出台相关政策措施，少数一些地区的政策也大多集中在户籍和人口的管理方面。

（1）杭州。《杭州市外来暂住人员管理暂行条例》仅对人员的暂住管理提出要求，大部分是公安部门的责任，在租住房屋的规定方面，明确规定必须符合规划。

（2）江西省。2008 年出台了《江西省人民政府贯彻落实国务院关于解决城市低收入家庭住房困难的若干意见的实施意见》（赣府发〔2008〕14 号），其中要求，城中村改造时，要考虑农民工的居住需要，在符合城市规划和土地利用总体规划的前提下，集中建设向农民工出租的集体宿舍，或者建设符合农民工居住需求的住房，按照农民工可承受的合理租金进行出租。

2. 对建筑工棚居住安全的管理

总结问卷回收的结果，各地方政府管理部门对用工企业集体宿舍管理方面的规定，主要集中在居住标准、卫生和公共设施方面。具体如下所示。

（1）杭州。出台了《杭州市建设工地职工宿舍安全使用与管理暂行规定》（杭建工发〔2005〕487 号），对施工现场职工宿舍的安全使用与管理提出基本要求。在搭建方面，规定了高度不得高于二层，房间高度不得低于 2.4 米。在居住标准方面，要求必须保证人均使用面积不低于 2.5 平方米，每间宿舍居住人数不得多于 12 人，并对公共设施、文化娱乐设施等都做出了相应的规定。2007 年，杭州市出台了《关于落实建筑工棚安装空调事宜的通知》（杭建市〔2007〕156 号），明确要求建筑工地要为集体工棚安装空调，并纳入工程成本，对于已经完成招标的工程项目，政府相关部门对每台空调补贴 600 元。

（2）天津。天津市规定农民工宿舍人均使用面积不得低于 2 平方米，每间宿舍不多于 15 人。农民工宿舍夏季通风，冬季有取暖设施，具有配套的食堂、厕所、洗浴等生活设施。工地须设置文本活动场所，配备电视、影碟机、报纸图书和文体用品，定期开展文娱活动。

（3）北京。2003 年《北京市建设工程施工现场生活区设置和管理标准》（京建施〔2003〕382 号）规定，要将生活区与施工区严格划分，生活区内必须统筹安排，合理布局，满足安全、消防、卫生防疫等要求，明确了生活区必须设置办公室、传达室、宿舍、食堂、测度、洗漱设施、淋浴间、文体活动室、密闭式垃圾箱等临时设施；宿舍内必须保证必要的生活空间，室内高度不得低于2.5米，通道宽度不得小于0.9米，每间宿舍居住人员不得超过15人；宿舍内必须设置单人铺，床铺高于地面0.3米，面积不小于1.9米×0.9米，床铺间距不得小于0.3米。另外，在非典型性肺炎（SARS）期间，北京市住房和城乡建设委员会曾经强调了农民工的人均使用面积不得低于2平方米。然而，根据我们的实地调研，发现很少有建筑工地能够按照这个标准来执行。

（4）其他省市的规定。重庆市强化用工单位职责，按照“谁用工，谁负责”的原则，为农民工提供符合安全标准和基本卫生条件的居住场所。如果无法按此规定行事，就必须给予农民工一定的租房补贴。青岛市规定了每个房间不得超过12人，严格消防设施建设等。深圳市在《关于进一步促进我市住房保障工作的若干意见》（深府〔2007〕262号）中有关于“在外来务工集中的产业园区，按照集约用地的原则，配套建设员工集体宿舍”的规定。

3. 涉及的管理机构

根据对调查问卷的总结，我们发现大部分省市的相关管理部门主要包括建设部门、房管部门、规划部门和公安部门，部分省市还包括了农业部门，个别省市（如深圳）还专门成立了农民工工作领导小组、流动人口和出租屋综合管理办公室。

三 现有农民工住房政策存在的缺陷

《国务院关于解决城市低收入家庭住房困难的若干意见》（国发〔2007〕24号）和建设部等五部委文件出台后，全国大部分地区都根据本地农民工的实际情况出台了一系列的解决农民工住房困难问题的政策措施，同以后的相关制度相结合，这些措施涉及将农民工纳入廉租住房、经济适用住房、限价房、公共租赁房等政策范围，也涵盖了提高建筑工棚的居住标准和质量安全条件，同时也包括了建立农民工住房公积金制度等规定，然而，不论从政策的规定上，还是通过我们实际调研了解到的情况来说，这些政策措施还存在着许多缺陷，主要包括以下几个方面。

1. 原则性的提法多，实质性的规定少

从上边列举的政策条文中我们不难看出，大部分地区的相关政策还处在指导性意见的阶段，大多数的措辞都是“应当”“尽快”等较为模糊的言辞，几乎没有具体执行标准的出台。重庆市在这方面的工作最为先行和到位，重庆市不但已经将建立农民工住房公积金制度的具体内容写入地方的规章，而且已经建造了上万平方米的农民工公寓，并解决了大量农民工的住房问题。反观其他大部分地区的住房政策，几乎没有具体的规定，即便这些原则性政策真正落到了实施层面，在具体执行过程中也缺乏必要的标准进行指导和约束。因此，从总体上来看，关于农民工的相关住房政策的执行前景存在很大的不确定性，而且需要改进和完善之处还很多。

2. 忽视农民工住房中最为突出的矛盾

根据本次调研和课题的研究结果，我国农民工中住房矛盾最为突出的部分在居住在农民出租屋中的群体，保守估计全国约有 4000 万人属于这种情况。对于这部分农民工来说，他们的住房问题游离在政府的监管范围之外，而且大部分地方政府为了解决大量的进城务工人员住房问题，都默认了城中村中农民出租屋出租行为的合法性，然而问题的尖锐性始终没有解决。随着城镇化进程的加快，以及旧城改造和城中村整治的逐渐完成，能够供农民工租住的农民出租屋数量将逐渐减少，而面对每年以 1000 万左右速度扩容的农民工大军，大量农民工的住房问题将如何解决，因此，农民出租屋问题才是最为核心的矛盾。对于建筑工棚、集体宿舍来说，最起码它们还在政府政策的监管范围内，而对农民出租屋却没有什么政策可以参考。我们的问卷中涉及了关于农民出租屋的政策问题，大多数地方政府的回答仅仅针对户籍管理方面，可见，这个领域的政策指导尚属空白，对此突出矛盾的解决已经到了迫在眉睫的地步了。

3. 相关规定落实情况不容乐观，且政府疏于监管

在关于农民工住房问题的政策中，一些内容即便有较为具体和详细的规定，在落实中的情况与规定的内容也相去甚远。例如，北京市对于建筑工棚居住标准有着较为明确和具体的规定，其中包括宿舍人数、铺间距离、生活设施、卫生条件等，然而，在我们对北京市几家建筑工地进行实地调研时却发现，实际情况严重地违背了相关标准的规定。大部分建筑工地都没有独立的浴室和公共活动空间，宿舍的通风、照明和取暖等条件都非常差。在 SARS 期间，北京市曾经规定了严格的人均居住面积不得低于 2 平方米，而各个工地为了通过频繁的检查，都严格执行了这一规定，而现在由于疏于监督，这一规定也已经变成一纸空文。据相关人士介绍，北京的建筑工棚居住条件的优劣与工地所处地理位置是否靠近市中心、业主的级别高低、工程是否是国家重点工程密切相关。而且总包方为了节约成本，都尽量地压低建造工棚的支出，而政府

部门的监督与检查通常也不涉及居住条件，最终导致了建筑工地居住条件的恶劣。

4. 多头管理现象比较严重，政策执行效率不高

“五龙治水”“多头管理”向来是我国政府行政管理体制中的弊端，从地方问卷整理的情况看，有些地区关于农民工住房问题的管理部门涵盖了建设、房管、公安、劳动等多个部门。多头管理的现象很容易造成政令不通、互相推诿责任、行政效率低下等问题。而且从我们调研的过程中看，极少有地区的单个主管部门能够对本地区农民工住房情况十分了解，对农民工住房困难问题的顺利解决形成了较大阻力。当然，对于农民工住房问题的解决，还面临着地方财力、农民工流动性强等多方面困难的制约，同时还不得不考虑到户籍制度、土地制度等其他制度方面的限制，因此这是一个复杂的系统工程，不能一蹴而就，而且要综合考虑多方面的利益和阻力审慎完成。

第三节　问题和原因分析

在本章的研究中，我们根据对农民工住房现状和地方相关措施的问卷调查，对北京市农民工的居住现状、住房需求情况及各地相关保障措施有了初步的认识，为我们研究农民工住房的深层次问题和下一步相关政策的出台做了比较充足的准备。

根据对问卷的整理和一定的统计分析，我们可以得出以下结论。

一 问题

1. 农民工的住房条件普遍较差

问卷调查结果显示，大部分农民工通过自己租赁的方式来解决住房问题，而且租房农民工中有超过 80% 的居住在农民出租屋里。根据实地调研，我们发现大多数农民出租屋都存在着建筑密度过大、私搭滥建、存在诸多质量安全隐患及居住环境恶劣等问题。对问卷的统计结果显示，绝大多数农民工的人均居住面积还不足 5 平方米，建筑工棚的人均居住面积仅为 1 平方米左右，而且市政服务设施、绿化、公共卫生等条件都比较差。

2. 城市住房供应与农民工的需求不对应

在现存的城镇住房供应体系中，可供农民工居住的包括普通商品房、房改

房和城乡结合部等地的农民出租屋，虽然部分地区开始为农民工集中建设公寓，但数量极其有限，在供应体系中也可以忽略不计。而商品房和房改房的租金水平相对农民工的收入比较高，居住在这些住房里的农民工大部分属于群租或者居住集体宿舍，而这些农民工的居住条件异常拥挤，尤其不适合举家在城镇务工的农民工居住。因此，农民出租屋成为大多数农民工选择的居住场所。随着我国城镇化进程的逐渐加快，将有更多的农民离开土地加入农民工行列，这些人需要在城市定居，而前述的一些原因也导致了对农民出租屋的需求将会迅速提高，这些都会在很大程度上加剧城市管理、旧城改造等诸多方面的难度，而且随着城市范围的扩大和城中村改造进程的加速，农民出租屋的存量可能越来越小，膨胀的需求和快速降低的供给将进一步加剧农民工的住房矛盾。

3. 农民工实质上未纳入城镇住房保障体系

由于户籍制度等诸多方面的限制，农民工还没有被列入整体的住房保障体系之内。在国务院层次上，2007 年建设部等五部委出台了《关于改善农民工居住条件的指导意见》，但是该文件过于原则化，本质上并没有真正解决政策问题。许多地方在最近两年内都出台了一些保障农民工住房的政策文件，其中，规范和监督工地集体宿舍居住条件的居多；青岛、海口、南宁等城市将农民工纳入了廉租住房的保障范围，重庆市还针对农民工购买二手房出台了相应的税收减免政策；而对于占有重要比重的农民出租屋来说，由于法律和政策层面的限制，大部分城市也仅是加强了居住地人口管理，并未出台真正意义的住房政策；极少数农民工享受了住房公积金和住房补贴政策，根据相关统计该比重仅为 9%，当然，这与农民工的频繁流动有关。总之，出台的一些相关保障措施或者没有解决本质问题，或者还处于初步探索阶段，而对于全国的农民工来说，几乎没有享受什么住房保障政策。

4. 城镇住房资源配置不均衡与农村土地资源浪费并存

宅基地很大程度上将农民工束缚在农村，而我国城乡二元的土地制度也使宅基地的货币价值无法体现。2009 年全国“两会”期间曾有专家指出，农民工可以用农村宅基地的使用权换取相应的购房券，在城镇购买住房。这个建议与成都、重庆等地试点的“地票”交易很相似，即通过集约利用农村集体建设用地（主要是宅基地），在不占用耕地的情况下允许城镇建设用地的指标增加，住房券的交易相当于这里的用地指标交易。总之，采取一定的制度创新，在不违反国家基本土地制度的前提下，将宅基地的使用权通过一定的方式转换成城镇土地使用权（可以理解为农民工购买城镇房屋的货币补贴），实现农村土地和城镇住房保障的置换，是消除农民工顾虑、提高其住房支付能力的有效途径。

二 原因分析

1. 大城市住房支出水平已严重超出农民工的支付能力

据相关统计，我国2010年有超过60%的农民工在长三角、珠三角等大城市和本省的省会城市就业，然而，面对高昂的房价和生活成本，这些农民工不打算在城内久居，大部分人根本就没有在这些城市买房的考虑。例如，2009年北京市一套两居室的租金水平通常都在2000元左右，而根据我们的问卷调查，北京市农民工家庭月收入（如果夫妻俩都在北京务工）大约为3000元，用家庭收入的一半以上来支付房租，显然已经大大超出了支付能力，即便是在商品房中群租或合租，这种情况也极为普遍。

2. 大多数农民工并未把务工城市当作自己的最终归宿

面对务工城市（主要是一些大城市）的高昂生活成本，以及户籍制度所带来的各种门槛，大多数农民工多缺乏对于这些务工城市的归属感，都不打算将这里作为自己未来长久居留的地点。通过对北京农民工的调查发现，超过90%的农民工有最终回到老家居住的愿望，其中有80%左右计划在附近的县城买房并定居，而且有相当一部分的农民工已经在县城购置了房产。不论是从农民工的实际情况还是我国城镇化发展战略考虑，引导和支持农民工在中小城镇定居都是合理并且切实可行的。另外，归属感的缺乏也同农民工自己宅基地所提供的保障有关，大多数农民工都会把他们收入的大部分用于修建农村的住宅，他们宁可农房闲置，也不愿意脱离自己“农民”的身份。调研结果显示，农民工对用城镇保障置换宅基地行为的风险溢价至少为50%，具体来说，如果农村宅基地加住房的市场价值为5万元，那么，城镇住房保障政策给农民工带来好处的心理估价至少达到7.5万元时，置换才能实现。因此，由于不打算在城镇久居，农民工改善居住条件的愿望并不强，改善与收入增长不存在明显相关性，绝大多数农民工都把住房需求降到最低，而居住水平的改变大都是由于收入外的因素，如考虑到工作地点、孩子的生存环境及家庭生活便利等。

3. 相关政策法规不完善，政府疏于管理

从中央到地方虽然出台了一系列关于改善农民工居住条件的政策文件，然而地方城镇住房保障体系的现行规定中很难见到关于农民工的条款，在实际操作中就更加没有相关的具体措施了。而且，关于在大中城市中农民工住房的核心问题，即在一定程度上改善居住条件和环境，完善居住质量安全管理等，各地方政府仍未出台相关行之有效的办法。

政府相关管理部门并未履行相关职责，疏于管理也往往加剧了农民工住房的矛盾。例如，根据对建筑工棚现场调研的结果，可以发现工程总承包方为了控制成本总是要尽量降低工地的居住水平，然而政府的疏于监管加剧了这个问题的严重性。从经济学的角度分析，总承包方控制成本是无可厚非的，因此，监管方面的疏漏可以理解为造成这一问题的症结所在。监管方面的问题一方面在于相关标准的缺失，对地方建设部门的问卷调查显示，大部分省市都已经出台了对于建筑工棚居住标准的相关规定，但仍有一部分地区尚未发布相关的标准；另一方面问题就在于对标准的监管问题，对标准监管的疏漏已经成为各地的普遍现象，而且政府的监督力度和频率也在很大程度上成为建筑工棚居住水平差异的决定性因素。

第五章 城中村、城郊村农民住房问题研究

城中村是伴随着我国城市化和工业化进程的加快推进，由于城市迅猛发展，对城市周围农村征地扩大等因素而形成的特殊社区。城中村现象是目前我国社会各界关注的热点问题，引起了经济学、社会学、城市规划、城市问题等多个学科的广泛关注，与之相关的学术研究也日益增多。

（1）本章所研究的城中村不仅包括狭义的城中村，而且还包括城市近郊农村，即城郊村。因为这些近郊农村也是城中村的雏形或者早期阶段，将城郊村列入城中村中一并研究，有利于从根本上根治城中村的源头。

（2）本章把城中村按不同发展阶段分为潜在型、发展型、成熟型，把城中村的人口按性质分为原居民和外来流动人口。本章思路基本沿着这两条线路展开，并以城中村是有机的社会经济系统为核心展开论述。城中村农民住房的解绝不仅仅要考虑自己的住房问题，更要考虑如何以地以房为手段利用多种实现形式来保障原居民的生活条件和流动人口居住条件。

（3）一定程度上说，城中村已形成了适应市场需求的、有效运作的“类单位制”的社会经济系统。目前进行的一些城中村改造，没有考虑城中村的社会经济系统的性质，导致改造失败。具体来说，城中村形成的原因在于：土地产权模糊是造成城中村问题的体制原因；“以地生财”模式是导致城中村问题的经济原因；政府未能为大量外来人口提供足够的与其支付能力相适应的低租金住房是刺激城中村违法滥建的客观原因。

（4）城中村改造是一个系统性工程，长治市的城中村改造就体现出系统改造城中村的要义。长治市通过选择合适的改造主体、因地制宜地供地、探索村民变股民的方式以及探索人口城镇化的实现方式，并协调好城镇化与城市发展的内在要求，较好地实现了城中村的改造。

（5）大部分城市都对区位条件较好的城中村采取了整体搬迁改造的策略，结果又导致出现新的居住、经济和交通问题。

（6）必须根据城中村的不同类型因村整治。对于潜在型城中村，迁村并点、划分用地，严格控制、集中建设；对于发展型城中村，强化管理、统一建设，

提高标准、适时改造；对于成熟型城中村，要采取多种方式因村整治。

（7）对于城中村不同性质人口住房问题要区别对待。对于原居民的住房问题，要加强城中村土地和房屋产权确权；盘活土地资产，改善住房条件；建设廉租住房安置原住民。对于流动人口住房问题，要加强开展城中村和城郊村综合整治；要实施城中村房屋合作改造；要拓宽住房保障的范围，减轻城中村的人口和住房压力。

第一节　城中村的类型、特征和形成原因

一　城中村的主要类型

城中村的发展过程一般都是沿着一定的轨道进行的，但是由于各个村庄所处的区位条件、经济状况、受城市建设的影响都不尽相同，因而其各自的发展程度和所呈现的面貌也有所不同，据此，从村庄在城市市区的位置关系和发展状况上讲，城中村可以分为三种基本类型（表 5-1）。

表 5-1　城中村的分类及特征

类型	区位条件	景观特征	产业结构	人口结构	收入结构
成熟型城中村	处于繁华闹市区、主要交通干道或大型工业园区附近，没有农用地	脏乱差	出租屋经济占绝对主导地位，第一、第二产业基本退出市场竞争	人口来源复杂，以外来人口为主，数量常是当地村民的数倍之多	村民家庭收入主要来自出租屋收入、股份分红和从业收入
发展型城中村	处于市区周边或区位条件较差的地区，尚有少量或者基本没有农用地	保持一定传统的农村景观，但无序建设已经大量出现，脏乱差现象开始凸现	依靠低廉的土地成本、劳动力成本而获得比较优势发展劳动密集型企业	以当地居民为主，大量外来人口开始涌入	集体分红、从业收入和出租屋收入，其中出租屋的收入比重逐步提高
潜在型城中村	处于远郊、村；存留较多农用地	保持独门独院的农村建筑景观	以第一产业为主，尤其是农副产品的生产和经营，还有部分村民从事家庭作坊式生产	比较单一，基本上是当地居民	集体分红和农业收入

第一种是潜在型城中村：位于城市现状建成区的边缘或与城市现状建成区相连，但大规模的自发性建设还未展开，有待及时实施控制和管理。

第二种是发展型城中村：已经被城市建成区包围，其内部还存有可发展用地，其建设正逐步展开，急需进行规划引导和实施管理。

第三种是成熟型城中村：完全包围在城市之中，其内部已基本无发展用地，问题十分严重，改造要求迫切，但实施难度很大。

第一类城中村尚处于问题的隐性时期，改造可与其自身建设挂钩，相对比较容易，但往往也容易被忽视；随着城市的向外拓展，很快就会转化为第二类城中村，最终转化为第三类。三种类型的区分界限并非十分明显，且存在逐步转化的趋势，因而控制或改造进行得越早越好。

二 城中村的主要特征

城中村一般具有以下共同特征：一是发展空间的区域性。城中村经济是介于城市和农村之间的一个，特殊地域内形成的一种区域性经济。它既不同于城市经济，又有别于一般的农村经济，是城乡间地域、资源、产业、劳动者等相融互补的产物。二是管理体制的二元性。尽管有相当一部分城郊已融入城市发展的空间范围，纳入了城市的规划、建设和管理轨道，但在行政管理上城郊仍属农村建制，土地仍归集体所有，人员管理仍带有明显的社区性和福利性，城中村经济本质上仍属农村经济范畴。三是经济结构的非农性。城中村所处的特殊地理位置，直接受到城市开发建设扩张和城市生产要素扩散的双重影响。城市扩张占地导致农业资源减少，推动大量的农村人口流向非农产业；城市扩散带来的人流、物流和信息流，又带动了农村第二、第三产业的发展。四是发展演变的阶段性。城中村经济是一种过渡型经济类型，是从农村向完全的城市演变的一个过渡阶段。当城中村经过改造变成城市社区时，新的城中村可能又会应运而生。

城中村已经成为流动人口聚居区，这也是城中村三种类型的共同特征。所谓流动人口聚居区，即是以自发在社会经济部门从事经济和业务活动的城市暂住人口为居民主体，以房屋租赁为主导建构方式，以城中村、城乡结合部为区位选择的自发型集中居住区。流动人口聚居区作为我国城市化背景下经济体制转轨时期的必然性产物，其在社会属性、区位分布、居民构成、作用影响等方面均已呈现出不同于一般城市社区和农村社区的边缘性和异质性；与此同时，这类聚居区所具备的自发性、自组织性和相对的固定性，则又使它进一步从政府企业统一设置的安置区、外来工住宿区和不断转移的建筑工棚区中分离了出来。从居民的身份构成来看，绝大多数的转动人口聚居区都是以进城农民作为基本居民的，它们一般较为普遍地形成于改革开放之后外来工相对集中的经济发达地区；当然，也有一小部分的聚居区是以其他类型的暂住人口作为基本居民的，比如画家村。从社区构成和组织来看，流动人口聚居区则可以分为两大类：一类聚居区以同乡、同村、同业或同族为群体聚结，以亲缘、地缘、业缘等为基本纽带，如北京的浙江村、南京的河南村和广州的新疆村；另一类聚居区则是混居型聚居区，这类社区在构成上没有形成明确的主导性纽带或是产业体系，居民来源混杂且彼此缺乏广泛的联系和必要的交流，仿佛临时凑合在一起，在社区的内聚性和聚居的典型性上均无法同前者相比。在深圳、广州等地均形成了大量的类似社区。

城中村土地利用模式看似减少了城市土地集约利用的效益，但却发挥了政府目前所不能、市场力量所不愿的作用，即为大量城市流动人口提供了廉价住房，社会综合效益明显。尽管城中村目前的居住水平（人均居住面积及服务设施）较差，但从城中村廉价住房惠及的流动人口数量上来看，却是为更多的人口提供了住房福利。

三 城中村的形成原因

1. 土地产权模糊是造成城中村问题的体制原因

土地的产权模糊是造成城中村形成的一个根本原因。《中华人民共和国土地管理法》规定："农村和城市郊区的土地，除由法律规定属于国家所有的以外，属于集体所有；宅基地和自留地、自留山，也属于集体所有。"由规定可知，我国存在国有产权制度和集体产权制度两种形式。一般而言，城市实施国有产权制度，农村和郊区采用集体产权制度。由于城市的向外发展，必然向农村扩张，城郊结合部的土地变得稀缺，土地价值增值，但农村土地集体产权制度本身就是一种极其模糊的产权安排，非常容易造成土地资源的滥用。农村土地所有权法律上明确属于集体，但集体对土地的产权是残缺的，表现在以下两个方面：其一，在《中华人民共和国宪法》中，集体土地产权被笼统地界定为乡（镇）、村或村内农业集体经济组织所有。法律对土地所有权究竟属于哪一级集体经济组织并没有明确的界定，也没有进一步明确由谁来行使所有权。所有权实际上处于虚置状态，这导致土地产权主体的多元化，各主体为争夺所有权而发生冲突。其二，《中华人民共和国土地管理法》规定："任何单位和个人不得侵占、买卖或者以其他形式非法转让土地。”这使所有权成了一种抽象的法律特征，土地产权难以转让。这种土地所有权主体的不确定和土地使用产权的不明确，兼之历史的原因和法制、社会保障体系的不完善，村民将自己拥有土地使用权的宅基地视为养生活命的资本，想方设法地以此获取最大的经济利益，当城市向农村扩张的过程中，城郊的土地资源稀缺，由于土地集体产权安排的残缺，各利益主体出于自身的考虑，必然导致行为的短期化，从而诱发城中村现象。

2.“以地生财”模式是导致城中村问题的经济原因

在城市化的压力下，一无技能二无经验的城中村农民为了谋生，自然地选择了一条风险最小且收益不菲的“以地生财”道路。在这种模式下，城中村的土地利用、开发建设行为完全取决于土地收益分配的比较利益。根据某市的典型调查，土地收益在城中村、村民之间存在如下关系：一是对村集体而言，土地征用收入小于违法用地收入；二是对村民而言，私宅出租收益及其出租收益期望大于集体分红收益。在这种情形下，村集体违法用地、违章建厂就不断发生，村民滥建私房也屡禁不止。

3. 政府未能为大量外来人口提供足够的与其支付能力相适宜的低租金住房是刺激城中村违法滥建的客观原因

在高速城市化过程中，受土地资源、资金的限制，政府一时无法提供足够的廉价住房供广大的外来人租住。这就为城中村违法私房的建设提供了大量的需求。当城中村以优越的区位条件、低廉的房租（免去土地成本且规避了各种税费）吸引了大量外来人口之后，政府即使有能力再建廉租住房，也因成本和区位的因素而失去竞争力。因此，有必要从土地和住房入手，实现城中村改造方式的创新，以实现政府、原居民和外来流动人口的三赢结果。

四　新型城镇化与城中村改造的本质和内涵

1. 城中村改造是走新型城镇化之路的本质要求

新型城镇化不仅仅是城镇化水平和数量扩张，更是质量的提高。我国传统的城市发展模式是摊大饼式的迅速扩张，城中村的形成就是在城市快速扩张过程中绕过征地补偿这个难点而遗留的历史问题。但是我国人地矛盾的紧张以及粮食问题的紧张，迫使我国采用世界上最严格的土地保护制度。在18亿亩的用地红线的约束下，地方城市政府被迫从内部挖潜——城中村改造就是内部挖潜的表现形式之一，从而实现包容性的发展，逐渐把城中村及村民包容、消化到整个城市肌体之中，成为城市运行不可或缺的一部分。

城中村改造本质上是城乡差距缩小的过程。我国从新中国成立以来就存在较为严重的城乡差距。这种城乡差距具体表现在多种城乡制度双轨制。譬如在医疗保障制度上，城镇居民为城镇职工基本医疗保险、城镇居民基本医疗保险，农村为新型农村合作医疗、城乡医疗救助；在住房体制上双轨制表现为农房自建自管自用自灭，而城镇住房制度从住房的规划、设计、施工、验收、物业管理等不同的阶段建立一整套完善的制度；在基础设施上，虽然近年来地方政府在农村的路、水、电等方面解决得相对较好，但其他的基础设施和公共服务设施不完善是普遍的现象，而城镇供水、供气、供暖设施已经很完善等。因此，可以说这种城乡差距表现在社会生活的方方面面，而城中村与城市的反差正是城乡双轨制的生动体现。虽然城市在快速扩张时可以绕过城中村这块壁垒，但是迟早都得解决这一难题。因此，城中村改造是推进新型城镇化道路的必经之路，要求城乡统筹配套改革，要求各种制度创新化解城乡双轨制矛盾。

2. 城中村改造与新型城镇化的要求内涵一致

城中村改造是一项复杂的系统性工程，绝非拆房建房那么简单，也不仅仅是土地转性的问题，而是包含着复杂的制度设计，见图 5-1。从城中村改造内容来说，从“硬设施”角度看，包括城中村基础设施、交通、住宅条件改善及土地性质变化，为村民提供基础设施和市政公用设施服务，让村民同受财政阳光的恩惠。从“软设施”角度看，包括在城中村改造中要完善城市产业、城市商流；前者为村民提供多种多样的就业机会，后者是城镇化的核心内涵，完善的城市商流体制有助于实现城市市场的优化，为人们提供可供选择的市场需求，增强选择机会均等化性，城市综合体就是提供商流的载体。此外，要把村民纳入城镇职工保障体系（城镇福利系统）；改善城中村自然环境（供热装置改善、绿地规划等），使得村民享有同等服务。具体而言，包括以下四个方面：第一，人口城镇化。城市化过程即是农村人口转化为城市人口的过程，但村民市民化并不是简单地转变户籍就能完成的，还有一个生活方式、社会意识及社会行为的转变过程。此外，完善村民的养老及就业制度，使得村民真正变成“市民”。第二，社会城镇化。村民委员会转变为居民委员会，主要是将村民委员会改成居民委员会，实行城市社区的管理方式，在政治领域实现农村向城市的转型，使城中村成为以契约型（法律、制度）关系为基础而不是以血缘关系、宗法关系为基础的农村社区。第三，环境城镇化。由于城中村人口膨胀过快，密度过大，村内的基础设施和公共配套设施严重缺乏，各种管理弱化，脏、乱、差现象十分严重，并且存在严重的消防隐患。基础设施提供（如供气以减少小煤炉对环境影响、规划绿地等）可以使城中村自然环境趋同于城市环境。第四，经济城镇化。将城中村出租房经济转移到现代化经济，村民获得平等就业和发展机会，而不是仍然从事低端的工作，譬如清洁工、搬运工等。

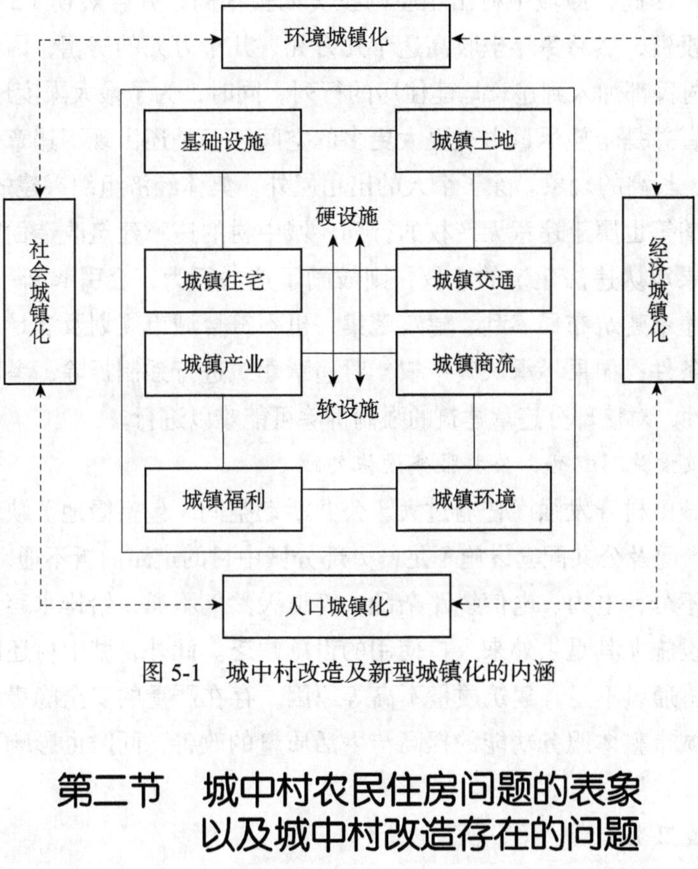

图 5-1　城中村改造及新型城镇化的内涵

第二节　城中村农民住房问题的表象以及城中村改造存在的问题

一　城中村农民住房问题的表象

城中村是中国快速城镇化进程中的产物，在此过程中产生了不少的问题，主要表现为以下几个方面。

1. 违章建筑多、布局混乱

很多城中村中都有一些违章建筑，有的是原村民个人修建的出租屋，有的是原农村集体建造的大量手续不齐全的厂房、仓库、商铺等。这些出租屋、厂房、仓库和商铺没有取得产权，按城市房屋租赁条例，是不能对外出租的，因此，也没有具体可行的管理和税负规定，在管理上存在很多漏洞。转制以前，城中村集体土地的使用与国有土地存在很大区别，城中村集体组织和个人在宅基地上建房时不需要交纳一般开发项目的土地出让金、配套费、报建等费用，成本很低。因此，原城中村出租屋的投资回报很高，并且短期（3～5年）内就可收回投资，然后每年坐收高达十几万元、几十万元的房租，因此大多数原城中村的村民都加入到违章抢建住房的行列。同时，为了最大限度地获得收益，违章抢建者总是希望尽量占有更大更多的空间，于是还出现了违章住房不断翻新、长大、长高的现象。除了个人的出租屋外，集体经济组织兴建的大量厂房、仓库和商铺等也属于违章无产权的行列。城中村的违章建筑改造面临着两难的困境：如果承认违法建筑的产权，则鼓励了违法行为，会引起新一轮的抢建，而且大量违章建筑布局零乱、建筑密集，也不符合城市规划及满足市民健康生活的基本条件；如果不承认其产权，对违章建筑进行强制拆除，考虑到违法行为的普遍性，对该部分违章建筑的强制拆除可能难以进行。

2. 市政设施不配套，公共服务设施欠缺

目前城中村开发强度普遍过大，公共活动空间（包括绿地）缺乏，环境质量低下；市政及公共配套设施不足，大部分城中村的道路曲折不通，标高无序，排水雨污不分，电力、电信线路杂乱，管道天然气不通，给排水容量不足，且公共服务设施尤其是供外来人口使用的设施缺乏。此外，城中村还因为间距过小，采光、通风不足，建筑质量不高等原因，存在严重的安全隐患。这些都严重制约了城市整体服务功能的提高与生活质量的改善，同时也影响了城市的现代化形象。

3. 环境卫生差

社会主义新农村的一个内容是“村容整洁”，而城中村环境卫生差，成为城市的一个死角。其主要原因：一是有关部门的城市发展规划在城中村得不到落实，在自己的宅基地上，村民建房处于无政府状态，所以，城中村的建筑非常杂乱，各式各样的都有；二是城中村居民的公共意识还比较差，事不关己，高高挂起，能够自扫门前雪的已经算是有觉悟的；三是管理还不到位，现在基本上是村里负责卫生，还没有统一纳入到城市环境卫生体系之中。所以，加强城中村环境卫生的管理和检查，使之与整个城市的面貌相协调，是城中村发展过程中需要解决的一个问题。

二 城中村改造存在的问题

1. 性质复杂，用地紧张

城中村的改造范围一般在曾经的城郊结合部，土地性质复杂，既有国有土地，也有集体土地，还包括部分宅基地、农用地等，实际操作中要根据不同性质采用不同的报批程序。由于国家宏观调控政策对用地管理十分严格，“农地转用”必须报国家国土资源部审批，因此在城中村地块中涉及零星的农用地也必须按规定上报。这样，审批时间较长，造成改造周期延长和用地紧张。

2. 拆迁安置难，易引发矛盾

目前城中村村民仍然是处于农村集体所有制和传统的管理体制，村民的收入主要依靠集体经济和出租房，改造后的拆迁安置补偿成为制约城中村改造进程最大的障碍。在城中村拆迁安置进程中，安置房由于原有的宅基地是划拨的原因而无法流通，绝大部分村民选择接受拆迁安置面积补偿方式。许多城中村容积率已接近或超过城市规划上限，如果要使项目盈利，势必提高容积率，从而突破城市规划的界限，而这种拆迁安置方式使进行城中村改造后的村民依然过着以出租房收入为主的生活，没能实现村民生存方式的转变，导致村民改造的意愿与改造最终目的相悖的困境。一方面，由于农村土地是集体所有，在城中村的改造中，大多数农民不愿离开自己的土地，这使得按城市住宅形式改造城中村困难重重；另一方面，大多数农民在城市中的生存技能有限，失去土地以后，他们主要依靠出租房屋维持生活。在推进城市化过程中，他们意识到失去的太多，得到的太少，必须死守唯一赖以生存的地方。如果房子被拆了没有得到相应补偿，必然会出现抵触情绪，加上当前拆迁安置政策还不够完善，新老政策在交替过程中接口、界限不清晰，执行过程中尺度较难掌握，致使老百姓反响强烈。因此，政府、开发商往往与村民在安置补偿上处于僵持状态，城中村改造推进举步维艰。

3. 改造方式往往“一刀切”

城中村更新的规划设计与管理，往往对城中村的“功能与空间的混乱无序”持彻底否定态度，强调功能分区与用途纯化，追求“理性”的城市空间形态和统一的视觉空间秩序。许多城市的城中村改造都是采取把原有的老房子全部推倒重建的方式，使城市的居住社区变成了“千人一面”的空间形态，结果又需要重新治疗和挽救。改造与新区建设的一个最大的区别，就是改造需要面对较多的城市建设现状与复杂的社会经济矛盾。而城中村的社会经济结构往往很复杂，这种结构是经过漫长的发展而逐渐形成的，为低收入阶层提供了生活空间和就业机会。然而，采取简单化的“一刀切”大规模改造，不仅彻底破坏了这种复杂的结构，而且带来地价和楼价上涨，致使大部分低收入居民和小本经营者无法回迁，一些居民因此失去收入来源。而昔日繁华热闹的街区也变得冷冷清清，很难再形成以往那种自发经济滋生地的功能，也无法再造就一个富有活力的街区。城市的发展有着内在发展机理，即使繁荣的香港也有铜锣湾等类似城中村的建筑，原因在于这些城中村已经形成与低收入者的收入水平相配套的低水平生活设施区，盲目“一刀切”，只能迫使城中村在城市边缘地带发生位移。

4. 缺乏对外来人口居住问题的考虑

农业人口的城市化，是我国城市发展必不可少的一个重要环节。外来人口为城市提供了丰富的劳动力资源，逐渐缓解了城市劳动力的结构性矛盾。随着城市居民物质文化水平的不断提高，对于某些强度大、报酬低的工作或是脏、累、险的工种，城里人不愿意去做，以至于某些行业出现了劳动力短缺的结构性矛盾。大量外来人口正好为这一矛盾的缓解提供了可能性的转机。而外来人口都选择在城中村租房居住，在改造中如果不考虑这个群体的居住问题，那么他们只有选择更远一些的城中村居住，从而增大其居住压力，加速其居住环境的恶化，结果增大了城中村的改造难度。因此，在改造过程中应考虑一定量的公房出租，不仅为外来人口提供住房，也有利于对外来人口的集中管理，加强社会治安。如果这个问题解决不好，必然会带来相应的连锁反应，不利于城市化的发展。

第三节　现有城中村改造中农民住房安置模式评价以及解决问题的关键

一　现有城中村改造中农民住房安置模式

1. 就地安置

地处城市主城区建成区范围以内的城中村。这类城中村经济、地理区位优越，人均耕地面积很少甚至没有，宜结合城市总体规划对城市基础设施、商贸市场和居住社区的建设要求，采用就地安置的方式。

2. 就地安置为主、异地安置为辅

位于城市边缘、属城市未来的发展区域内的城中村。此类村庄有相当数量的存量土地，城中村改造应和经济园区及社区规划建设结合，采取就地安置为主、异地安置为辅的方式。

3. 异地安置为主、就地安置为辅

位于非近期城市发展区域的城中村。此类村庄偏离城市建成区，交通不太便利，市政配套设施和市政基础设施相当落后，村民主要从事第一产业和第二产业。这类城中村应异地安置为主、就地安置为辅。

4. 整体搬迁、易地安置

位于高新技术开发区内的城中村。通过整体搬迁、异地安置，来保证开发区完整的功能和充足的用地。新村选址应位于开发区附近，这样既可以满足村民多年来形成的生活习惯和生活环境，而且有利于增强开发区对村庄的辐射功能，解决改造后村民的就业。

5. 货币安置

有关部门对原居民的农宅进行估价，然后以货币形式给予城中村村民，让其在市场上购买商品住宅。

二 对现有农民住房安置模式的评价

1. 货币安置和异地安置模式有严重缺陷

货币安置显然具有较大缺点，政府部门或开发商往往和村民在拆迁补偿金额上难以达成一致，政府部门容易借助公权实行暴力拆迁，难免激化社会矛盾，更有甚者甚至出现如成都拆迁户自焚事件等极端事件。

异地安置这种改造模式的不合理之处在于“异地新建农民公寓”看似为村民提供了漂亮舒适的住宅，但村民失去了原来村落区位所具有的巨大经济价值——出租屋、集体物业及触手可及的谋生机会，因而改造过程中遇到村民的抵制在所难免。况且富裕的城中村村民已有足够资金购买自己所中意的商品房，新建农民公寓对其并没有吸引力。早期的城中村改造曾将部分村民搬迁出了原住村落，也就是实行了“异位改造”策略（村民原来宅基地的区位归政府或开发商），结果适得其反。譬如石牌村部分村民搬迁至均价7000元/米^{2}的南国花园（远离原来村落的相对偏远地带），失去出租屋的村民甚至连基本的住房装修都难以支撑（易颖，2003）。离开了原来的区位，没有什么就业技能的村民也失去了谋生的来源。因此，城中村最好以就地安置为主，特别是有大量外来流动人口的城中村。

2. 传统安置模式没有考虑城中村的社会经济系统性质

一定程度上说，城中村已形成了适应市场需求的、有效运作的“类单位制”的社会经济系统。以村委会为管理层的村集体经济实行“类国有企业的单位制式”的块状管理，全面负责社区生活（李培林，2002），其管理是有序的。治安、环卫、市场管理、计生、养老、医疗、教育、福利补贴、市政等公共支出占到城中村集体经济年纯利润的12%～15%，使城中村形成了完整的、服务于村民和房客的基础设施供给及维护体系。尽管从表面上看，城中村的这种行为是自利的、是为出租屋的正常运作服务的，但实质上是履行了城市政府本应当承担的角色。从广州市城中村运作来看，政府并未从资金上对城中村的公共服务作出补贴。城中村改造，即将村委会改为居委会后（村改居），城市政府依然无足够财力支撑城中村的日常运作，并缺乏流动人口管理的经验等。譬如广州白云区棠溪村“村改居”之后，社区管理缺位，老人儿童的福利水平、医疗保障、教育支出急剧下降，尤其是街道因财政所限而裁减治安人员，导致村内治安状况恶化，城中村不得不又重新为其提供资金。

3. 现有安置模式可能在不断制造新的城中村

城中村的积极意义在于发挥了政府目前所不能、市场力量所不愿的作用，即为大量城市流动人口提供了廉价住房，减缓或避免了类似于西方或东南亚、南美等地贫民窟的出现。尽管城中村目前的居住水平（人均居住面积及服务设施）较差，但从城中村廉价住房惠及的流动人口数量上来看，却是为更多的人口提供了住房福利。绝大多数外来人口文化水平不高，多从事劳动密集型工业和低层次的第三产业，收入低微，对住宿要求较为简单，租金高低是决定其居住选择的主要原因，那些区位较为优越的城中村所提供的租金低廉的房屋刚好满足了他们基本的生活需求。除了租金决定外来人口的居住选择外，文化交融也是导致他们大量集聚在城中村的一个重要原因。外来人口大多秉承着落后的当地农村文化或外来文化，与现代城市文明有着强烈的磁铁相斥效应，而对城中村有着某种认同。外来人口通过地缘、亲缘关系不断在城中村聚集，结果导致城中村人口以外来人口为主，数量常是当地村民的数倍之多。

大部分城市都对区位条件较好的城中村采取整体搬迁改造的策略，结果导致出现两个问题：一是离开了原来的区位，没有什么就业技能的村民失去了谋生的来源；二是低收入外来人口的居住成为难题，或者露宿公园、或者通过增加通勤距离和交通成本来获得新的较为廉价的居住场所，使得他们的收入大幅缩水，城市交通超负荷运行更加严重。因此，如果只是单纯考虑市场经济条件下的效率（如土地收益、区位优势、城市形象等），而忽视社会的公平，会为城市的进一步发展埋下隐患。

三 解决城中村改造中农民住房问题的关键——以土地为切入点

1. 以土地为切入点，解决资金匮乏问题

资金来源是城中村改造的瓶颈问题。城中村改造费用包括集体土地改国有土地的市场价格费用、改造或外迁农民公寓成本费用、农民自用房屋变更为居民商品房屋的变更费用、集体经济组织改为法人公司的变更、资产评估费用、改制后的原公共开支（如道路维修、排水、供水、环卫、治安、教育）费用等。村集体、村民自行筹资，政府适当支持或引入开发商等多种方式都是可取的，特别是要发挥土地的作用。

首先，土地资产是城市最大的财富，城市经营的理念中很大部分也是在经营城市的土地，充分挖掘土地价值可以很好地解决资金困难的问题。

其次，从村民阻力方面而言，村民之所以不积极响应改造，并非不希望改善居住环境，而是大多不愿放弃其既得利益。因此，只有充分挖掘土地本应拥有的潜力，将埋没的价值体现出来并给予农民切实的补偿，让农民意识到虽然经过改造土地的利用方式转变了，但其收益仍会得到保障，而且还会通过各种渠道为其谋求更好的发展，同时得到更加优美的人居环境，才能充分调动农民改造的积极性。

最后，就是土地利用转变的同时使得一系列的城中村问题得到了解决或缓解。城中村土地利用问题与城中村的其他问题是相互联系、相互影响的，在解决城中村土地利用问题的过程中，必然对其他城中村问题产生关联效应。例如，按照城市规划进行的城中村土地利用形式的转变，实际上是在土地转制基础上的城市土地的重新利用，城市土地的价值得以显化，解决城中村土地经济低效的问题；通过城中村土地的规划利用，大大降低建筑密度，增加绿化，拓宽道路，使得城中村的景观发生根本性的变化，消除过去环境卫生差的状况，同时也解决消防安全问题；通过城中村土地的合理利用，使得城中村与其周边的城市地区一样，消除犯罪活动原来“得天独厚”的温床，从而降低犯罪率等。

2. 以土地为切入点是与城中村土地所有权状态分不开的

首先，城中村土地所有性质属于集体。《中华人民共和国土地管理法》规定：

“城市市区的土地属于国家所有”“农村和城市郊区的土地，除由法律规定属于国家所有的以外，属于集体所有；宅基地和自留地、自留山，也属于集体所有”。

其次，城中村土地使用权的有限性。土地使用权是指土地使用者在法律允许范围内对土地享有占有、使用、收益与处分的权利，即依法取得利用土地的权限。集体土地使用权分为宅基地使用权、农用地使用权与非农用地使用权。集体土地使用权比国有土地使用权具有更多的限制：①宅基地使用权依法不能转让、抵押；②只有依法承包并经发包方同意抵押的荒山、荒沟、荒丘、荒滩等农村集体荒地的土地使用权和抵押乡（镇）村企业厂房等建筑物涉及所使用范围内的集体土地使用权可以抵押；③集体土地使用权不能用于租赁。这些限制使集体土地使用权在实质上与国有土地使用权不平等，在土地使用权产生的收益上，国有土地使用权人获得的利益远大于集体土地使用权所获得的利益。利益上的刺激与诱惑，使集体土地使用权人不再安分于土地使用的各种规范，突破了原规则，寻找与国有土地使用权对等的利益。

3. 以土地为切入点必须要实现集体土地流转方式的创新

必须给城中村集体土地产权流转创造机会和可能性，使其拥有和国有土地相等的权利，集体土地产权才能获得更高的价值肯定，即“同权同价”。只有不断探索集体土地向国有土地流转的形式，才能使集体土地释放出更多的潜能，从而为城中村的改造奠定坚实的物质基础。

第四节 案例研究——长治市以城中村为契机推进新型城镇化的经验

长治城中村改造提出了“农民变市民、村委变居委、村民变股民、农保变城保、旧村变新区、土地由集体所有变国家所有”的口号，充分体现了新型城镇化包容性发展的道路。

一 探索旧村变新区实践

1. 城中村改造规划先行

2011 年《长治市人民政府关于进一步加强长治市城中村改造规划管理工作的意见》要求城中村改造按照主城区控制性详细规划进行，不得擅自变更控规中确定的公共服务设施、基础设施、绿地建设等内容；因特殊原因确需变更控规相关内容的，由各区城中村改造负责部门在编制修规时予以变更，但必须明确变更理由和原因，报市规划局审核，由市规划局上报市政府审批后执行，体现了原则性和灵活性的统一。各村修建性详细规划不再由各村自行编制，而是统一由区政府和市规划局统一委托具备国内一流设计资质的单位，按片区统一编制城中村改造的修建性详细规划，2011 年按每公顷 8000 元补贴规划编制费，安排资金 1200 余万元。

2. 选择合适改造主体

城中村改造的模式无外乎三种：以政府为主导、以村集体为主和以社会力量为主。一般认为，城中村改造如果涉及社会公益性目的的项目建设，则以政府为主导的改造为宜。如果未涉及社会公益项目，则以村集体为主的改造更可行。长治市在城中村改造中引进多种力量，根据不同的情况，选择不同的改造主体。对单一的城中村改造项目，长治市在限定建设地块面积、限定规划要求、执行政府拆迁安置政策的前提下，优先由本村集体经济组织实施拆迁改造，允许把多余房屋推向市场，以房产转让收入平衡改造安置成本，实现滚动发展。同时，长治市更多地引入社会力量、市场化为导向的城中村改造方式。为了更加吸引有实力的大企业、大集团参与城中村改造，长治市城区政府在中国建设网、区政府门户网等媒体公开发布了《长治市城区城中村改造招商公告》，面向全国公开招商。同时积极与潞安集团、长钢集团、清华机械厂等本地大型国企进行接触洽谈，推动本地国有企业参与城中村改造。2011 年，已有江苏悦达集团、深圳华半里、清华机械厂、红星美凯龙、山西美隆集团等 10 余家大型企业参与城中村改造。为了支持大企业大集团的工作，长治市市政府及城区政府在城中村改造合同签订时，作为参与方界定自己的工作职责，签订四方合同协议。譬如泊后村城中村改造合同框架中，长治市城区城中村综合改造指挥部作为丙方，而泊后村上级政府部门城区长青办事处作为丁方，负责为本项目提供政策支持、创造发展环境、协调相关方关系。

3. 多渠道解决基础设施

《长治市城区城中村改造试行办法》第十二条规定，城中村的道路、排污、环卫等市政基础和供水、供电、供气、供暖等公用设施建设管理，统一纳入城市市政和公用设施的建设管理。城中村改造建设的小区范围市政基础和公用设施建设由项目单位投资建设。譬如李家庄公共设施，村集体投资 400 万元完成了全村水电费和集中供暖入网费。马坊头美隆项目由美隆集团承担供水、供电、道路、绿化等基础设施建设。多渠道解决基础设施有利于减轻财政压力，充分调动社会力量，降低城中村拆迁补偿压力，赢得村民的支持（表 5-2）。

表 5-2　美隆集团投资马坊头项目市政工程及公建配套费用状况

项目	幼儿园	养老院	村委综合办公楼	会所	大市政费用	小市政费用
工程量 / 米 ^{2}	3 136	5 000	30 000	8 000	—	—
资金投入 / 万元	941	1 500	15 000	6 400	20 670	14 310

注：数据由美隆集团提供。

二 突破土地政策瓶颈

1. 因地制宜确定供地方式

如何有效整合利用土地资源，实现土地资源的最大化成为长治市城区发展中的一个重大课题。土地的处置是城中村改造的核心问题，有很严格的政策标准。按照现行土地管理法律，对商业、旅游、娱乐和商品住宅等经营性用地一律采取招拍挂方式出让国有土地使用权。但是对于城中村改造而言，城中村改造和建设是不可分割的整体，很难准确划分安置村民用地和发展用地，一般都是混合开发（一部分安置村民，另一部分公开出售），因此在国土资源部门办理土地手续时难以准确把握。长治市认为城中村改造用地性质不同于国有建设用地出让，城中村改造用地的所有权发生了转变，但是使用权人原则上仍为原村集体经济组织，因此在划定用地“人均 180 平方米标准”范围内的土地在出让供地时，将城中村改造用地、拆迁安置标准作为出让条件。根据各城中村不同情况和改造建设方案选择不同供地方式：第一，对于自行改造并明确划定安置村民用地和发展经济用地的村，可以先将安置村民的建房用地划拨供应，剩余的发展经济用地采取招拍挂出让方式供地；第二，对于采取招商引资进行整体改造的城中村，难以明确区分安置村民用地和商业开发用地的，可以将城中村改造用地、拆迁安置标准作为出让条件采取招拍挂方式公开选择开发单位，这样既可以满足自行改造的村集体先行建房、安置村民，又有利于整体改造项目的招商引资。

2. 土地出让金返还

长治市城中村普遍缺乏积累，亟须社会资金（开发商）提前介入。但是经营性土地整理成熟地时，国家政策规定要引入竞争，通过招拍挂方式出让，这样就与开发商提前介入产生矛盾。长治市规避这个难题的做法值得借鉴：土地出让金全部由开发商向相关政府机构支付。政府按规定支付给村集体的土地各种补偿费用全部归开发商。按政府城中村改造办法规定中的优惠政策，属于市区两级留成部分的土地出让金返还给村集体，按规定返还的出让金应用于村民社会保障和安置，以及公益事业和基础设施建设。但在签订合作合同时，已将村民社会保障和安置费用统筹考虑到村集体的30%分成中。因此，城中村应将返还的土地出让金全部返还给开发商，由开发商用于公益事业和基础设施建设（图5-2）。

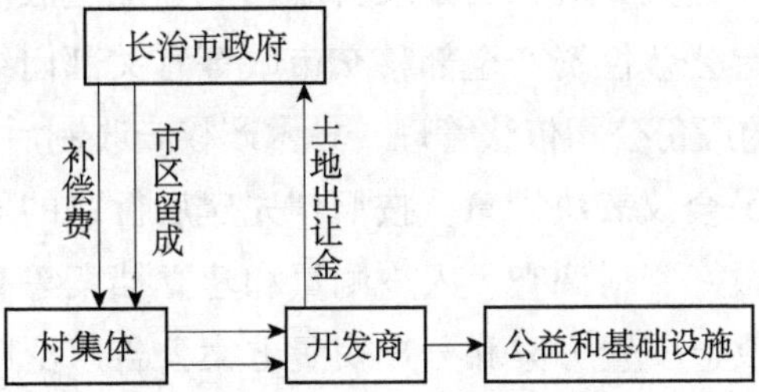

图5-2　土地出让金返还的路径

三　探索村民变股民路径

1. 数据普查

为了摸清底数，推进工作，掌握第一手资料，在2011年4月城中村改造项目开工奠基后，城区指挥部办公室就印发文件，农林、国土、人社等部门抽调专人组成调查组对全区28个村（菜场）人口、土地、现有建筑面积、集体资产状况等基础信息进行全面摸底。同时，对2007年以来已建成的村民周转楼、安置楼、解困楼的规划和建设情况进行全面调查。

2. 严格改制步骤

“改制”是城中村改造的切入点。长治市改制工作严格按程序分九个步骤进行：第一步，做好改制宣传工作；第二步，做好集体资产的清产核资和审计评估工作；第三步，处理村集体经济组织的债权债务；第四步，制定集体资产处置方案，张榜公布，并根据村民意见进行修改；第五步，表决通过修改后的方案，依法办理有关确认手续；第六步，向工商部门办理企业名称预先核准登记；第七步，制定或修改公司章程，明确股权管理办法；第八步，召开股东大会，选举董事会、监事会成员，召开董事会，选举董事长、聘任总经理，作出董事会决议；第九步，办理工商注册登记手续。改制涉及既有利益平衡，具有较强的风险性，必须坚持“公平、公开、公正”的原则，这就需要制定严格的改制步骤，并按照改制步骤严格执行，有利于缓解利益矛盾，有利于促进城中村改造工作的进行。

3. 资产量化

村集体经济组织改制中资产股权量化是难点。城区对原集体经济组织经营性资产和拟开发的集体土地原则上全部作为资产进行量化，确权到人。股权配置基本分为三种：一是人口股；二是农龄股；三是配送股。在改制完成后，原村集体经济组织所有公益性资产全部移交市政等有关部门统一管理。林地等资源性资产由改制后的股份公司依法管理，林木产权归改制后的股份公司。“改造”方案首先应提交村民会议表决同意。按照“先建后拆”的原则，对列入改造规划的城中村，提前做好资料调查、入户测量和建立档案等基础工作。对即将改造的村，针对总体改造安置方案和分户安置方案公告广泛听取群众意见，合理调整完善。这种先建后拆的办法尽管在资金周转上有一定要求，但有利于消除住户疑虑，也可以节约拆迁安置过渡成本，加快安置进度。

四 探索人口城镇化实现方式

城市化发展进程中，各种阶层的居民所享有的城市福利呈现非均等化发展，特别是以村民为代表的城市贫困阶层，在没有平等话语权的同时，享受机会的缺失导致福利也低迷，严重影响着新型城市化道路的包容性发展。城镇化包括土地的城镇化和人的城镇化。较为容易实现的是土地的城镇化，但是人口城镇化难以实现。因为市民就业机会本质上是对人力资本进行持续性投资的结果，而村民缺乏较高的教育水平，必然成为城市众群体中较为弱势的群体。不仅仅在教育机会、就业机会，而且在养老保险、最低生活保障等方面，距离市民有不少的差距。探索人口城镇化就是要缩小村民与城镇居民之间的差距。

1. 探索农保转社保养老保险制度

村民的宅基地被征用后，他们的基本养老保险应该完全参照城市企业职工社会保险标准实施。但是企业职工要连续缴费年限累计满 15 年而且达到法定退休年龄，退休后才能按月发给基本养老金。城中村老龄人口众多，长治市是如何突破这个政策的瓶颈呢？ 2011 年 10 月实施的《长治市城中村改造农转非人员基本养老保险和基本医疗保险试行办法》规定不同年龄段养老保险的基本方法，提出老年人、中年人及青年人缴纳养老保险的不同方法。譬如老龄人员年满 75 周岁以上的每人按 15 000 元的标准一次性缴纳基本养老保险费，从次月起，按 480 元养老金标准按月发给养老待遇。这些费用多为村集体缴纳，减轻了村民的负担。譬如虽然《长治市城中村改造农转非人员基本养老保险和基本医疗保险试行办法》规定，为符合本村村民条件的人员办理企业职工养老保险，按 4 ∶ 3 ∶ 3 比例缴纳（即村集体 40%、政府 30%、个人 30%），但是城区五马街道办事处马坊头村村委会研究决定个人部分由村集体缴纳。长治市城区柏后村规定：政府机构返还土地出让金后，根据国家有关政策规定，柏后村除应提留的款项外全部返还给开发商，提留的款项用于拆迁补偿安置费用和村民养老保险。

2. 探索城中村居民最低生活保障制度

最低生活保障制度是指国家对家庭人均收入低于当地政府公告的最低生活标准的人口给予一定现金资助，以保证该家庭成员基本生活所需的社会保障制度。《长治市城区城中村改造试行办法》第十三条规定城中村失地农民享受失业人员再就业的相关扶持政策。参与城中村整体改造的开发商优先使用本村劳动力。因城中村改造增加的就业岗位，必须优先用于安排原城中村村民就业。长治市南关村城中村改造安置补偿方案规定商业安置面积由集体统一经营，村民持股分红（放弃参股权利者，三间宅基地商业补偿 20 万元，五间宅基地商业补偿 30 万元，不再享受集体分红）。

3. 探索城中村居民基本医疗保障制度

我国一直实行着两种不同的医疗保障制度，即城镇职工居民享受基本医疗保险制度，农村实行的是合作制医疗保障制度。看病难、看病贵成为农村患者的一个难题，探索城中村居民的基本医疗保障制度尤为迫切。改造后的城中村的村民理应享受与城市居民同等的医疗保险待遇，应设计一个与城市居民相对接近、便于以后与城镇医保体系相衔接的操作方案，因地制宜、循序渐进。《长治市城中村改造农转非人员基本养老保险和基本医疗保险试行办法》所有符合条件的农转非人员，可以自愿选择参加城镇职工医疗保险或者城镇居民医疗保险。

五 城中村改造与城市发展相结合

1. 与功能定位相结合

城中村改造并非仅仅为村民提供安置用房，解决村民就业、养老等问题。城中村位于城市规划区之内，服从于城市整体规划，为城市功能的运行、定位、升级提供支持。譬如长治市建华物贸一条街建设设计建华菜场与 7 个驻区单位，实现了连片改造；城东路中段的新民蔬菜瓜果市场、溢香食品厂、军分区教导队集中连片改造开发，建成后既能给新民、新华延安路城中村改造提供安置用房，又能形成以装饰材料家居为特色的商业集聚区，提高城东区的城市品位。马坊头村与山西美隆集团合作开发，致力于打造长治市中央商务区，拥有高档住宅、SOHO 写字楼、高档购物中心、国际影院、城市商业街区、甲级写字楼、五星级酒店等多种形式，集居住、办公、购物、休闲、娱乐、餐饮、酒店等多种功能为一体。华东城中村改造项目在现有的土地及村民住宅拆除后的土地上打造新的城南商业圈、改造生态公园、建设综合性商业广场及高品质园林式住宅小区。

2. 延续城市文脉

在城中村改造中，原有村落空间的消失，使村民失去了归属感。虽然独家独院的传统农村住宅已经不适应城中村更新的要求，但是，随之消失的传统村落中的某些合理的内核、居住概念使长期生活于此的村民特别是老人觉得茫然。在新的居住区里，村落的邻里网络被破坏，难以再恢复到村落中心的昔日繁荣，社区凝聚力减弱甚至消失。这是城中村改造中面临的一大问题。长治市在城中村改造时努力延续城市的文脉，譬如美隆集团在马坊头城中村改造中重建戏台和修复村里破败的玉皇庙，延续了城市文脉，保留村民文化的延续。

第五节　城中村农民住房问题的政策建议

城中村处于不同的发展阶段，因此对于不同成熟度的城中村改造，应该因地制宜。城中村具有不同性质的两种人口——原居民和流动人口，针对它们也应该采取不同的措施。城中村改造应该坚持“不谋利益、只谋福利”的原则。不谋利益，尤其是不谋城中村的区位利益；只谋福利，尤其是为低收入流动人口的居住水平谋福利。这才应当是政府主导的城中村改造的根本出发点。

一 不同类型的城中村：因村整治

1. 潜在型——迁村并点、划分用地，严格控制、集中建设

对于非城市建成区内的村庄，首先应在区域范围内进行迁村并点，将一些

规模较小的村庄合并或向中心村集中，迁移后的用地复耕还田，提高村庄的建设与管理水平。然后对合并后的村庄、中心村的农村居民点、农田保护区，按照有利于形成完整的农田保护区与生态隔离带的原则，以及对居民点内部近期可建用地与远期控制用地等，按照有利于未来的城市化改造等原则进行合理划分。严格控制村民的建设区域、指标及建筑的标准、体量、造型等，积极引导村民在近期可建用地内按有关规划进行集中统一的新村建设。

2. 发展型——强化管理、统一建设，提高标准、适时改造

对于城市建成区边缘的村庄，由于区位优势不明显，立即进行城市型物业开发的可能性不大，因此近期以加强管理为主。具体包括限制甚至逐步取消宅基地的再分配，严格控制村民自建楼房；按照城市新区的建设标准，地块强度指标、配套设施、绿化停车等尽可能采取集资的方式进行统一建设，以顺利实现新村与城市住区的衔接过渡。有条件、有意愿的村也可以在适当时机参照发展型城中村的模式逐步实施旧村改造。

3. 成熟型——多种模式并用

对于城市建成区内部、几乎没有空置地的村庄，尽管区位条件优越、改造意愿强烈，但由于建设强度大且缺乏发展空间，改造的难度也很大。应首先在严格控制村内再建设、逐步改善道路及重要基础设施的统一要求下，针对不同情况采取不同的办法或多种办法相结合的方式，进行最终彻底的改造。

（1）等待时机，整体重建。适合于区位条件特别优越、地块商业价值特别高、开发经济动力特别充足的城中村。当城市的经济实力增强或有大型开发商有意开发时，可采取整体重建的形式，并可充分利用区位优势，通过增加商业建筑和高层住宅比例等方式，在不降低生活质量的前提下，既能满足拆迁安置的需要，又能获取相当的投资收益，促进改造的良性发展与推广。

（2）先易后难，滚动改建。适合于有一定经济实力与开发条件的城中村。近期先对相对集中的低层老宅和危房片区进行统一的拆迁改建，为后续改造腾出可供利用的发展空间，然后参照发展型城中村的改造模式，对其他密集、晚建、多层的难点片区分期进行滚动式改建。

（3）易地安置，跨界周转。适合于仅靠自身用地改造难度太大的城中村。由政府结合城市有关规划在城中村村界以外的适当区域重新选址、统筹征地，作为该村的起步发展及周转用地，先开发新地以安置部分村民，降低旧村人口密度及改造的难度，然后再对旧村部分实行整体一次性或分期滚动式的改造。

二 城中村不同性质人口住房问题：区别对待

1. 对原居民住房问题的政策建议

（1）加强城中村土地和房屋产权确权。在土地改制为国有的前提下，应当按照城市房屋拆迁的相关规定进行补偿，城中村的改造拆迁应以对房屋产权的重新确认为基础。一般的城市房屋拆迁，确认产权的依据是国有房地产证，以房地产证记载的面积作为合法的产权面积。对涉及城中村拆迁的房屋应从权利主体、使用功能、建筑时间上对其村民建房和非村民建房、经批准建房和超标准建房、自用住宅和经营住房、历史建房和其他年代建房区别对待。在操作上，一是对村内的建筑进行调查；二是区分不同类型的房屋进行登记造册，对一户多宅、一宅超面积、经营住房、非村民建房等进行相应的注记，作为拆迁时的产权确认和补偿的依据。此外，在实施的过程中，还应该对各项规定进行法律上的规范。

（2）盘活土地资产，改善住房条件。在改造过程中，如何盘活土地资产是最值得探讨和研究的问题，直接关系到改造的成败。盘活土地资产，其实就是一个资产运营的概念，把城中村改造作为一个资产项目来经营。简言之，就是要将城市内部的农业地租上升为城市地租，将城中村土地转化为资本进行增值运作的过程。一是要量化土地资产，将原集体经济的土地资产量化成转制后股份公司的股份。二是要实现土地资产的收益，通过资产经营，如改造后的房地产出租实现资产的良性循环。三是要做好收益分配，资产经营收益在统筹考虑保险教育培训的前提下，优先用于改造。宅基地入股就是一种较好形式：宅基地在村民手中，只能盖租金低廉的出租屋；而土地入股之后，盖的都是高档商业物业和住宅，收益不可同日而语。在以往的旧城改造过程中，由于开发商与原住民都有各自不同的利益，双方就“拆赔比”及补偿方式方面需要经过较长时间的博弈。而且，随着城中村的容积率不断上升，开发商在补偿方面所感受到的压力也在不断增加。而宅基地入股之后，彻底废除了按建筑面积拆赔比的方案，不仅让旧城改造的开发商感到公平，也会让村民与村民之间感觉公平。这样的改造方式不仅从外观上把“村”变成了“城”，而且把村民与土地的关系也彻底改造成了股东与股份的关系，这种现代企业的组织形式会在不知不觉中让村民的思维和行为实现城市化。

（3）城中村原址建设廉租住房安置原住民。在城中村建设廉租住房最大的优点是便于安置原居民。一般的城市拆迁中，给予居民一次性补偿，而现在房价飞涨，给予的补偿款不足以购买同地段的商品房，而迁往郊区又不利于他们的生存和生活，因为村民们往往要价很高，这也增加了城中村的改造成本。而建廉租房后再配套建部分经济适用住房，对于没有能力购房的贫困户直接回迁到廉租住房，而部分有能力的村民则可补缴房屋建设成本后回迁到经济适用住房。这种改造方式的补偿安置费用只需要支付拆迁建设期间的租房费用即可。在旧村基础上建廉租住房可以适当建设多数套型，除满足原村民的居住外，剩余的可以对外出租。由于户型小租金将会比较便宜，也可以满足部分外来务工人员的租住。这样既解决流动人口的安置问题，同时对外出租的房屋会有部分租金收入，这也可以部分解决建设廉租住房的资金来源问题。此外，由于廉租住房的建设由政府统一主导，建成后的出租房也是由政府统一管理，这样也便于对流动人口的管理，有利于维护社会稳定。

2. 对外来人口居住问题的政策建议

城中村大多数已成为城市流动人口和村民的混杂聚居区。对于那些区位没有特殊优势，从城市社会经济、景观环境、市政建设等方面出发，做大范围的、整体性的彻底改造的迫切性不明显。而且城市也一时无暇顾及村庄，目前应以环境控制为主，通过整合与改善，优化现有的物质环境和居住条件，不仅使依附城中村而生的流动人口的一些社会环境问题得到有效引导与控制，还缓解了快速城市化而产生的城市棘手问题——提供城市流动人口适当的住房问题。

（1）加强对城中村、城郊村出租房的管理。在符合城乡规划法的前提下，准许城郊村自建公寓，为进城农民工提供较高标准的出租房。城郊村或城中村村委会协同有关部门确实做好本村出租房管理工作，如建立健全各项制度，制止有损村容面貌的乱搭乱建，搞好卫生与治安建设。对于出租户要加强督导，外来人员需要自觉维护村容整洁。在符合城市发展规划的条件下，应允许集体经济组织利用集体土地建设适合农民工需求的集体宿舍和家庭式住房。实际上，城中村统一建立外来人口公寓是妥善解决安置失地农民的重要策略之一，如厦门市的“金包银”方案。

（2）开展城中村和城郊村综合整治。政府有关部门和村集体负责公共环境的整治，包括改造村子的给排水管道、供热燃气管道、维修改造公厕、打扫公共卫生、设置垃圾回收车同时撤掉固定垃圾回收站。居民负责加建厨房、淋浴间等。对于其他那些仍在发展的城中村，在改善居住环境、综合治理的基础上，一方面要引导，一方面要限制，既不能让农民盲目投资建房，也不能任凭农民自由发展，必须是科学合理的规划设计方案；政府从宏观上引导村民组织成立类似住宅合作社形式的组织，实行合作经济，政府以一定的政策优惠，以一定的基础设施投资来帮助村民，按照事先制定好的规划和标准进行开发建设。

（3）实施城中村房屋合作改造。结合城中村的改造项目，由政府、集体、个人组成合作组，强调依靠当地的人力、物力、能源、资源、习俗、信息等进行有针对性改造和修缮。对于安全隐患突出、严重影响村庄环境和景观的临时搭建进行拆除，恢复一些被占用的公共空间，借此调整土地和房屋的使用功能，改进住地的用地布局，对于在适当位置的一些搭建也可根据实际情况予以保留。对房屋进行维修和整治，修复房屋的破损部分，更换一些老化的建筑构件如门、窗等，并通过房屋内部的合理改造，改善通风、采光、隔音、隔热等条件。比如，可借鉴荷兰对旧建筑改造的“别出心裁”，在老建筑外面安装玻璃暖房，这样既改变了旧房屋难看的外观，使市容看起来更具现代气息，又节约了能源。

（4）拓宽住房保障的范围，减轻城中村的人口的住房压力。首先，在城市规划的过程中要考虑到建设主要面向农民工的低租金住房，并允许在城市具有稳定工作的农民工购买城市经济适用住房。政府要引导住宅开发企业在合理规划的基础上，建设面向农民工的低租金住房，向用人企业或农民工个人出租。地方政府应参照城镇经济适用住房的有关政策，在土地供应、税收等方面给予优惠；同时应逐步将在城市长期生活、具有稳定工作的农民工，纳入城市经济适用住房政策范围，当前应允许在城市工作时间长、贡献突出的农民工享受城市经济适用住房政策。其次，要将农民工的住房公积金制度纳入国家统筹。对于一些拥有稳定工作的农民工，可以由农民工所在的工作单位和农民工个人共同缴纳一定的住房公积金，并且纳入国家的统筹范围内。农民工可以利用这一笔钱租赁或者在城市购买房屋，进而享受和城市居民一样的待遇，为消除居住隔离做好政策准备。最后，解决农民工住房问题还要考虑配套，除靠近就业点之外，农民工子女还要有学校可以读书。进城农民工家庭化流动越来越多，居住地能解决子女教育问题成为农民工考虑居住的重要因素。

三 充分利用城中村改造中土地政策

在城中村改造过程中，应合理利用城中村改造中的土地政策，同时为吸引开发商加入城中村改造，可借鉴国内其他城市经验，适当给予土地优惠政策。

1. 可采用熟地出让和生地熟让两种方式落实招拍挂政策

一是熟地出让。即对所建城中村改造实行土地一元化管理，先将集体土地全部转为国有土地，为集体经济组织预留安置用地和发展用地（视情况可划拨或出让），剩余可开发的经营性用地以招拍挂等市场化方式进行公开出让，获得资金返还用于拆迁安置和基础设施建设，由政府组织建设安置房和实施安置补偿。二是生地熟让。即先由规划部门依据城市总体规划、控制性详细规划和经济效益平衡测算提出规划要求、出具规划条件，在公开出让的城中村改造地块中捆绑规划条件和拆迁安置责任，公开出让条件中明确由开发商负责拆迁安置补偿。

2. 可借鉴国内其他城市经验，适当给予土地优惠政策

在城中村改造中，政府要平衡城市发展、村民权益保护和开发商正常利润之间的利益关系。特别是对一级土地开发商，在实施拆迁安置过程中，面临较大的体制成本（不确定性）、谈判成本和风险成本，因此有必要对实施土地一级开发的开发商给予合理补偿。从长期看，通过城中村改造有利于突破城乡二元体制，推动城市快速发展，实现城市整体升级，在拆迁开发阶段给予合理补偿在经济上算整体账也是可行的。

具体来说，借鉴其他城市经验，可采取的优惠措施有：一是对城中村改造开设绿色通道，在土地指标审批等方面给予方便，简化土地处置程序，加快土地审批速度；二是授权区级政府负责城中村改造所涉及的有关审批事宜；三是实行优惠的规费减免和土地出让收益返还等政策，返还的土地出让收益用于村民安置补贴和缴纳社会保险等，落实村留用地的优惠政策，给予一级开发商合理补偿等；四是对参与征地拆迁和一级开发的开发商，在其参加二级市场招拍挂时给予适当加分；五是对商业综合体等投资项目给予一定的税收优惠政策，根据经营期限结合实际情况，对企业所得税地方所得部分减免，奖励给企业用于扩大再生产。

3. 城中村改造基础设施配套应与土地出让和开发建设同步

一些城区城中村改造安置过程中，存在因安置楼供水、供电、供热等配套设施不能及时到位而拖延交付使用的问题，致使各村拆迁户不能及时搬迁。建议城中村改造各项城市基础设施建设要同步纳入市城建工作计划，与土地出让和安置小区建设同步实施、同步进行，确保城中村安置小区能够按时入住。

4. 采取多样化的土地处理方式

对于许多村集体和村民来说，他们自主改造的资金很有限，他们最主要的财产便是土地。因此可以在改造中采取不同的方式处理土地，作为筹集资金的方式之一。可以采用多样化的土地处理方式有：①土地全部转为国有。城中村

的土地全部经过政府征用，并进行土地储备和出让。土地出让金和增值收益用于基础设施建设、房屋建设和安置补偿。改造后的土地部分用于还建住宅、村集体产业用地，村集体和村民依法取得土地使用权。在这种方式下政府经济负担很重，政府一般还需将一部分土地用于出让。这种情况一般适用于村集体和村民经济能力比较薄弱的情况。②土地部分转为国有。适用于一些土地数量较多、有一定经济实力的村。由政府收购和出让部分土地，所得资金用于基础设施建设、房屋建设和安置补偿的费用。③土地置换。可以用其他位置的土地与村的土地置换，置换后土地的价值可以是与村原有的土地价值相当，也可以是比原来价值低，多余的部分用于安置补偿和房屋建设费用。置换后的土地仍然保留集体土地所有权。④土地集中。将独立的自然村集中到一个区域，统一进行建设和安置。各自然村原有土地可以由国家储备和出让，所得资金用于房屋建设和公共设施建设的费用。土地的所有权性质依具体资金情况来确定。⑤土地入股。村民以土地使用权入股成立村股份有限公司。改造资金以村民自筹为主，其余资金由村集体和村民以村集体土地使用权和其他资产作为抵押，向银行融资，土地所有权的集体性质不发生改变。

四 规划引领把握城中村改造的时序和节奏

一些城区在城中村改造中较好地运用了“一村一策”的改造措施，既保护了村民的权益和利益，也有力地推动了城中村改造进程。一方面，“一村一策”的优势在于能够解决城中村改造中复杂的利益问题，甚至能创造性地解决部分政策“擦边”的问题；另一方面，“一村一策”不可避免地也会带来不同城中村改造各自为政、整体难以协调的问题。例如，单独审查每个城中村改造的方案都是完善的，但从城市整体发展看，可能会出现住宅开发短时期集中供应、商业缺乏整体布局、个别城中村改造项目为实现自身资金平衡导致容积率超限等问题。因此，有必要将城中村改造作为一个整体进行统一运作、通盘规划、整体推进。未来城中村改造整体规划要注意如下问题。

1. 城中村改造和住房供需平衡要与人口城镇化联系

针对城中村集中改造可能带来的短时期内住宅开发供应过剩、住房供需失衡风险，建议在科学测算该城市城镇化速度和住房需求的前提下，把握城镇化发展速度与质量关系，科学评估并确定城中村改造的时序和节奏。

在整体规划时，确定城中村改造时序需考虑如下原则：一是考虑村所在的区位，大体的先后顺序是先中心后边缘，优先开发具有区位优势的村；二是遵循先易后难的改造原则，成熟一个改造一个，发挥示范带头作用；三是根据村环境情况，对安全隐患严重、环境恶劣的村优先改造；四是充分尊重村民意见，但又不能为村民不合理的意见所左右。

从近期实施角度来看，没有必要对全部城中村同时进行拆迁改造。与其面面俱到，不如重点突出。抓住重点、集中资金改造若干重点项目更有利于尽快改善城市面貌、提升城市档次和建设水平。

2. 城中村改造规划的商业业态和规模要与城市建设和产业发展需求相适宜

在城中村改造项目中，发展商业不能“一刀切”或“一哄而上”，应与城市商业布局规划相结合，以保证商业的可持续发展，避免恶性竞争。

一是突显商业经营特色。要结合市场定位，规划每个城中村改造后的主体特色功能，使其各具特色，让该城区商业发展更均衡。同时，也有利于规避各个城中村改造项目完成后商业业态趋同的问题。

二是提升商业业态档次。从商业业态看，除了一般性的商业门面房外，更重要的是还要提升该城区商业业态档次，适时规划建设和发展城市综合体。国内城市经验表明，发展城市综合体，有利于吸引城市运营商、投资商和大量的合作伙伴，带来一、二线城市的设计、商业、运营理念和成功经验，影响力大、辐射力强，对城镇化建设起到一个很好的推动作用和标杆效应。

第六章 移居城镇农民住房问题解决思路及政策建议

移居城镇农民的住房问题，是我国快速城镇化过程中需要重点解决的一个问题，关系到城镇化进程的顺利推进、城乡二元结构的打破、城乡差别的逐步缩小、国民经济社会实现协调发展等一系列重大问题。

（1）与我国城镇化的长期过程相适应，农民移居城镇也是一个长期的过程，因此移居城镇的农民住房问题最终需要较长时间才能解决。

（2）解决移居城镇农民住房问题的政策目标是：为农民进入城镇永久性定居提供必要的条件，让农民也能够分享到改革和经济发展的成果。

（3）解决移居城镇农民住房问题的政策重点是解决因进城务工而迁移至城市的农民住房问题。城镇化过程中进入城市的农民包括以下两种类型：一是因城市规划区范围扩大和城中村改造等原因，整建制地转为城市居民；二是由农村迁移至城市居住的农民。其中，因城市范围扩大和城中村改造而成为城市居民的，由于户籍的改变可以直接纳入现有城镇住房体系，可享受到城镇的住房保障。因此，现有政策的空白在于如何解决因进城务工而迁移至城市的农民住房问题。

（4）解决移居城镇农民住房问题的政策措施应按照由近及远、由易而难的原则提出，即首先改善进城务工人员的居住条件，其次将进城农民纳入城镇住房供应和保障体系，最终实现进城农民定居城镇。在这个过程中，积极探索城乡住房资源联动的制度改革，兼顾当前目标和长远目标。同时，在解决移居城镇农民住房问题上，要界定清楚政府和市场的责任，充分发挥市场配置住房资源的基础性作用，政府着力推动制度建设、履行住房保障和监督管理的职责。

一是政府加强农民住房标准的制定和监督管理，用工单位切实负起主要责任。在城市务工的农民，随务工需求而在城市阶段性停留的，其住房的主要问题是居住条件差，存在卫生、安全等方面的隐患。这部分农民工的住房问题应从用工成本角度考虑，由用工单位解决或由城市低端住房市场提供。政府一方面要对用工企业履行向农民工提供基本住房的责任进行监督；另一方面要改善城市低端住房所在区域的基础设施和公共设施。

二是解决农民工住房问题应以租赁为主，政府需加强农民工租赁住房的供给、管理和信息服务。在有条件的地区，公共租赁住房制度可以向农民工开放。农民工租赁住房的信息服务应纳入政府对农民工的综合信息服务平台。城乡结合部的城中村、城郊村是吸纳进城务工农民的主要居住地点，应加强对其中出租屋的管理。

三是促进移居城市农民在中小城市的永久性定居，逐步将其纳入城镇住房体系。移居中小城市和城镇符合农民工的主观意愿和切实的承受力。不仅要使农民工住房达到社会基本居住条件的要求，还要能够使移居城镇的农民在城市“住下来”，并且“住得好”，要逐步将移居城镇农民纳入城镇住房体系。

四是探索改革农村宅基地制度，促进城乡住房资源联动。通过农村宅基地制度改革，给予农民更多的财产权，增加通过财产权获取收益的途径，盘活农民宅基地和住房。解决农民移居城镇后原有农村宅基地和住房的闲置浪费问题、移居农民对农村宅基地和城镇住房保障双重占有的问题，增加农民的财产收益，用于提高移居农民对城镇住房的支付能力，促进其向城镇的永久性迁移。

第一节 移居城镇农民住房问题的解决思路

一、解决移居城镇农民住房问题面临两大任务

针对目前移居城镇农民的住房状况，存在的主要问题可以归纳为两类：一是“住得差”；二是“留不下”。应对“住得差”的问题，需要改善农民工的居住条件；针对“留不下”的问题，主要需要帮助农民工实现在城镇的永久定居，特别是已在城镇就业和居住的农民，要尽快解决其在城镇定居问题，这已作为我国城镇化发展的任务被明确提出。2013 年中央城镇化工作会议提出，“推进农业转移人口市民化要坚持自愿、分类、有序，充分尊重农民意愿，因地制宜制定具体办法，优先解决存量，有序引导增量”“把促进有能力在城镇稳定就业和生活的常住人口有序实现市民化作为首要任务”。因此，解决移居城镇农民的住房问题，主要面临改善农民工居住条件和帮助移居农民实现在城镇定居的两大任务。

二 改善农民工居住条件需要政府强化监管和服务

根据我们对进城务工农民住房状况的抽样调查，居住在用工单位提供的集体宿舍的农民工占到很大的比例，改善这样大比例的农民工的居住条件，是现阶段解决移居城镇农民住房问题必须关注的。对农民工集体宿舍和建筑工棚，政策的核心是通过强化集体宿舍标准和监督管理，保障农民工基本的居住安全、卫生和生活便利。

解决农民工住房问题应以租赁为主，政府需加强农民工租赁住房的供给、管理和信息服务。从我国的现实情况看，租赁是解决农民工住房问题的主要途径，在现有的城镇住房体系中，从公共租赁住房的政策定位上看，可向符合一定条件的农民工开放。应加强政府对农民工租赁住房的信息服务，纳入政府对农民工的综合信息服务平台，帮助农民工方便、快捷地租赁到所需的住房。城乡结合部或城中村村委会应协同有关部门做好本村出租房管理工作。

三 中小城市和小城镇应作为吸纳移居城镇农民定居的主要渠道

城镇化的过程是大批农村劳动力向城镇转移并定居于城镇的过程，但我国城镇化面临着进城农民很少能够留在城镇的窘境。我国农村富余劳动力进城通常是在城市就业，以赚钱为主要目的，“家”仍然留在农村，在城镇和农村之间进行着候鸟式的迁徙，没有真正融入城镇的生活。这种农民进城的方式，并不是真正意义上的城镇化。政府应发挥中小城市和城镇的吸纳作用，推动符合条件的农业转移人口逐步在城镇就业和落户。

第一，特大城市和大城市由于资源环境承载力的约束而无法作为吸纳移居城镇农民的主要渠道。在我国的城镇体系中，特大城市的水资源、环境、交通等承载力和人口规模已达到比较高的水平，因资源环境容量要限制人口发展，难以制定比较宽松的政策吸纳外来人口长期定居。

第二，移居中小城市和城镇符合农民工的主观意愿和切实的承受力。外出打工农民工实际上最后定居在其打工所在城市的比例并不高，主要是当家庭财富积累到一定程度后，能够负担得起家庭所在农村附近的城镇或中小城市的住房费用，才选择移居城镇。因此，中小城镇作为吸纳移居城镇农民的主要渠道符合农民工的主观意愿和其实际的对移居城镇成本的承受力。

第三，国家政策层面鼓励农民落户中小城镇。十八届三中全会《中共中央关于全面深化改革若干重大问题的决定》提出："推进农业转移人口市民化，逐步把符合条件的农业转移人口转为城镇居民。创新人口管理，加快户籍制度改革，全面放开建制镇和小城市落户限制，有序放开中等城市落户限制，合理确定大城市落户条件，严格控制特大城市人口规模。"2013 年中央城镇化工作会提出："解决已经转移到城镇就业的农业转移人口落户问题，努力提高农民工融入城镇的素质和能力。要发展各具特色的城市产业体系，强化城市间专业化分工协作，增强中小城市产业承接能力。全面放开建制镇和小城市落户限制，有序开放中等城市落户限制，合理确定大城市落户条件，严格控制特大城市人口规模。"要加强统筹规划，发挥特大城市和大城市等中心城市的经济辐射和带动能力，加速周边中小城市和小城镇的发展，吸纳农村转移劳动力定居。目前，大部分中小城市和城镇处于规模扩张的发展过程，未来将成为吸纳农民移居的主要输入地，应在户籍政策、土地政策、住房税收政策等方面给予更多的优惠。

四 建立城乡住房资源、住房政策的联动机制

解决移居城镇农民的住房问题，应有利于推动城镇化、有利于资源节约、有利于城乡就业和保障一体化、有利于缩小城乡差别。在农民移居城镇定居的过程中，为解决农村住房的闲置浪费、城镇住房保障和农村住房双重享受，盘活农民在农村的财产，提高其城镇住房支付能力等问题，必须要实现城乡统筹，促进城乡住房资源的联动和城镇住房政策同农村住房政策的衔接。

1. 解决移居城镇农民定居城镇后农村住房的闲置浪费问题

由于农村宅基地无偿、无期限且难以流转，存在农民家庭已经离开农村并在城镇工作定居后，原有的宅基地和住房闲置、低效利用问题，"空心村"成为较常见的现象。统筹城乡土地和住房资源，要建立农村宅基地、住房和城镇住房的联动机制，盘活移居城镇农民在农村的宅基地和住房，解决资源闲置和浪费问题，促进农民向城镇的永久性转移。

2. 解决移居城镇农民对农村住房和城镇住房保障的双重享受问题

农民拥有的耕地和宅基地起着提供就业和收入、住房、养老、失业保险等作用。当农民进城务工时，就业和收入的职能就从土地中分离出来，在城市得以实现，但农民的其他需求如养老、失业保险、医疗保险等仍然要通过土地实现，随着新型农村合作医疗、农村社会养老保险、农村义务教育的发展，农村的公共服务取得了显著的进步。但是，这些公共服务仍然要依附于集体土地和

农村集体经济组织。对于选择在城镇定居的农民来说，存在一个如何退出享有的基于土地的社会保障和得到城市公共财政提供的社会保障，实现完全的市民化，而不是仅在城市就业和居住，而享受不到城市公共财政提供的保障，或出现在移居城市的过程中既享受了城市的住房政策和住房保障，又未退出正在享受的农村住房政策的双重保障问题。定居城镇农民在占有城镇住房资源或享受城镇住房保障政策时，如不退出在农村已享受的宅基地及住房，就存在双重占有城镇和农村住房资源的问题。因此，要在农村转移劳动力定居城镇的过程中解决双重占有住房资源的问题。

3. *在移居农民定居城镇过程中实现其农村住房的财产权利*

农民在移居城镇的过程中，在解决住房问题上面临的最大问题是支付能力不足，除通过在城市就业增加收入外，如果能将其在农村所拥有的财产盘活、实现财产性收益，将有助于提高农民在城镇的住房支付能力。

五 解决移居城镇农民的住房问题还需要其他配套政策共同支持

我国城镇化的内在要求是进城务工农民能够在城镇定居下来，其中的一个关键问题就是移居城镇农民的住房问题。因此，在推进城镇化的过程中，要扭转目前农民进城就业难以定居的局面，要在“住”的政策体系方面提供给农民定居的政策支持，为农村转移劳动力在城镇定居创造条件。但农民是否能在城镇定居下来，还与教育、医疗、社保等综合配套措施密切相关。进城农民的住房政策要与综合保障政策相结合，若仅有促进农民定居城市的住房政策，缺乏其他综合配套的措施，就仍然难以实现农民定居城市的目标。因此，从长期看，解决进城农民的住房问题，要建立促进移居农民永久定居城镇的综合政策支持体系。

第二节　解决移居城镇农民住房问题的具体政策及建议

一 改善农民工居住条件由用工单位负主要责任，政府加强农民工住房的标准制定和监督管理

进城务工的农民主要分布在建筑业、制造业、社会服务业、餐饮业、批发

零售业等。这类农民工主要是因就业需要而在城市短期居住。居住在用工单位提供的集体宿舍的农民工占到很大的比例，改善他们的居住条件是现阶段解决移居城镇农民住房问题所不能回避的。当前政策的核心是通过政府监管的介入，保障农民工住房达到最基本的标准，排除安全隐患，完善公共配套设施，改善进城务工农民的居住、卫生条件。由于从事不同职业的农民工解决住房问题的具体方式不同，改善其居住条件的相应措施也不同。

1. 制定建筑工地临时搭建简易房的标准，建立定期监督检查制度

对于在建筑业就业的农民工，其居住场所多数为建筑企业在建筑工地搭建起的简易房。建筑工地给农民工提供住房是建筑总承包企业的责任，具体包括以下几点：一是确保简易房配备的数量能够达到基本的人均居住面积标准。要根据整个工期内同时工作的最多人数的数量确定简易房的建造规模，保证农民工的居住面积达到最基本的标准。二是提高简易房的材质标准。由于各工程项目实行独立核算，为了节约成本，没有考虑简易房的重复使用问题，通常选择质量较差的材质搭建一次性的简易房。建议改变由单个工程项目自行负责简易房投入的状况，实行由总承包企业统筹旗下的各承包项目的简易房搭建，由其一次性投入采购可多次使用的彩钢板等质量较好的材质，由总承包企业调配其在各个项目的使用，将简易房一定的使用折旧摊入到每个使用简易房的工程项目中。这样，既可减少每个项目简易房的成本投入，又能提高建筑工地简易房的建设标准，同时也可避免不能重复利用的资源浪费。

从政府监管的层面上，应从以下几方面着手：一是制定建筑工地简易房的标准。应符合建筑施工现场环境与卫生标准和消防标准的有关规定，在选址方面应远离危险源和污染源；简易房的材质选择要达到一定的标准；在搭建方面，规定最高搭建层数、房间高度的最低标准、通道宽度的最低标准；在居住标准方面，必须保证人均使用面积的最低标准，每间宿舍居住人数不超过一定的标准，简易房内的基本设施、公共设施、文化娱乐设施等要达到相应的标准；同时，标准的制定还应体现地域差别。二是建立相关政府部门的定期检查制度。对建筑工地的农民工居住条件是否达到标准进行监督检查，对达不到标准要求的责令整改并给予相应的处罚，确保建筑工地简易房在使用过程中符合各项要求。三是将为农民工提供的居住条件方面纳入建筑总承包企业资质审查的内容。在为建筑企业核定资质和进行资质年审时，要将为农民工提供的简易房等居住条件的情况纳入考核内容，以促进建筑企业切实改善农民工居住条件。

2. 完善工厂集体宿舍建设标准，加强规划、建设和使用环节的监管

制造业的厂址一般在工业园区，由企业自行建设集体宿舍或由工业园区在开发过程中配套建设集体宿舍，由企业统一租用后再分配给农民工。

对于这类农民工住房的解决，政府的主要责任有以下三点：一是制定集体宿舍的建设标准，包括人均使用面积、配套设施标准、安全标准、通风和采光标准等，确保农民工集体宿舍是一个符合基本居住条件的居住空间。二是在集体宿舍规划和建设环节加强监管。在集体宿舍建设过程中，政府规划管理部门要根据集体宿舍的建设标准对施工图设计进行把关，建设管理部门在竣工验收环节要进行相应审查，确保其符合宿舍建筑设计规范的要求。三是在集体宿舍使用过程中的监督检查。相关政府部门要根据相应的设计使用标准，对农民工居住状况进行监督，确保农民工宿舍没有超员等问题的出现。

3. 进行城中村或城郊结合部农村改造，通过房屋整治和完善配套设施提高农民工居住条件

城中村和城郊结合部农村是我国快速城镇化发展过程中形成的一种特殊现象。城中村与其所在的周边城市环境存在着巨大的反差，其改造问题是城镇化过程、城市发展必须解决的一个问题。从住房体系的角度看，其又是承载着进入城市的低收入群体住房需求的重要方式。城市住房体系离不开城中村所提供的住房，其在解决低收入群体住房问题方面发挥着实际的作用，自发形成了住房体系中的一个重要组成部分。

从一些国家的发展经验看，对流动人口低端居住区改造政策的效果优于清除政策。在处于城市化进程中的发展中国家，未经政府规划而私自建造住房的问题大量存在，如在南亚、非洲和拉美的大城市中，这种住房是一种非常重要的住房来源，与我国的城中村农民出租屋等问题类似。城市经济运转需要的低端就业人口的住房通过这样的方式进行解决。部分发展中国家曾经效仿英国的贫民窟清除政策，即由政府提供针对这部分群体的公共住房，但在实施过程中，发现在快速的城市化进程中，政府难以全部承担起这部分群体所需的公共住房。于是，政府采取了帮助其改造居住环境的政策，如提供上下水设施、建公共厕所、整治卫生环境、修缮住房等，在一定程度上缓解了政府公共住房支出的压力，同时也解决了部分低收入群体的住房问题。

从我国的实际情况看，城中村改造是我国城镇化过程中不能回避的问题。城中村在现实中的住房供给上发挥了重要的作用，简单以拆除的方式来解决，并不能彻底消除城中村，而可能会使这些低端住房需求转而向另一个村聚集，

并再次成为城中村问题。由于目前的城中村存在卫生条件差、配套设施不足、存在诸多安全隐患等问题，也应对城中村进行相应的改造。具体的改造可包括以下三个方面：①房屋整治。由于城中村的房屋一般是未经规划由村民自行加盖的，过高的建筑密度往往会成为安全隐患，因此要进行适当的拆除，特别是确保足够的道路宽度，对建筑安全存在问题的房屋也要予以拆除或修缮。②完善基础设施和公共设施。对城中村的电力设施、上下水设施等要进行改造或增设，配套建设足够数量的公共厕所等必要的公共设施。③增加商业设施。配套建设一定数量的商业设施，为城中村的居民生活提供便利。

同时，应将城中村改造与完善城市住房体系结合起来，可考虑将改造后的城中村住房纳入政府的公共租赁住房体系，丰富政府公共租赁住房的房源供给。经改造后的住房所有权仍为原村民所有，获取的租金收益归产权人即原村民所有，政府提出公共租赁住房的管理标准，由原城中村村民组成的管理公司对改造后的公共租赁住房进行管理。

4. 加强城市普通居民住宅小区群租房和出租地下室的消防、公共安全等管理

普通居民住宅群租是在大城市中包括农民工在内的低收入打工者解决居住问题的一个主要方式，群租房包括用工单位统一租赁的和农民工自行租赁的两种。用工规模比较大的社会服务业、餐饮业等，用工企业一般在企业附近的居民小区租赁普通民宅，若干打工者共同居住在一套普通住房中。城市楼房地下空间是包括农民工在内的低收入打工者 的又一主要居住空间。

由于多人共同居住降低了农民工的居住成本，但人员居住的密度过大，带来了防火、公共安全等隐患，需要政府相关管理部门的监管，对居住房屋的最小出租单位、租住人数量、人均承租居住面积、居住房屋分割等方面做出相关规定，配备必要的灭火器材，规范普通住宅的群租行为，确保群租房的安全。

二　增加农民工租赁住房供给，加大管理和服务力度

1. 公共租赁住房制度向农民工开放

目前，我国城镇住房保障体系已基本建立，包括廉租住房、公共租赁住房、经济适用住房和限价房等。解决农民工住房问题主要由租赁方式解决。在目前带有政策性支持的这四种住房制度中，廉租住房和公共租赁住房制度是以租赁方式提供的，其中，廉租住房是针对完全无力或基本无力解决住房问题的群体，其住房问题的解决应由政府“包下来”。我国城市低收入群体主要应包括以下两

类：一是城市中符合最低生活保障的群体，如残疾人、无人赡养的孤寡老人等丧失劳动能力的人群；二是虽然有劳动能力，但家庭主要劳动力的月收入仅略高于当地最低工资标准线的群体。这两类群体中的住房困难家庭可以享受廉租住房。从廉租住房的政策定位来看，属于救济层面的住房保障政策。公共租赁住房由政府直接投资建设运营管理或由政府提供政策支持，建设和经营租赁实行市场运作、房租略低于市场租金、房型为小户型。

2013 年 12 月，住房和城乡建设部等相关部委发布《关于公共租赁住房和廉租住房并轨运行的通知》，提出自 2014 年起，公共租赁住房和廉租住房并轨运行，并轨后统称为公共租赁住房。对承租对象仍体现出差异化的支持，对于政府投资建设和运营管理的公租房，按保障对象的不同实行差别化的租金或租金减免；对于社会投资建设和运营管理的公租房，可对保障对象实行租金补贴。

从公共租赁住房的政策定位上看，可向符合一定条件的农民工开放：一是对农民工集中的产业园区、工业园区和开发区等，通过集中建设公共租赁住房，由用工企业整体承租后分配给其雇用的农民工，其建设、申请、审核、配租和管理等要符合公共租赁住房的相关规定；二是对于流动打工的农民工，不适宜雇主解决其住房问题的，应允许符合条件的农民工申请公共租赁住房。

2. 加强政府对农民工租赁住房的信息服务和教育配套

租赁是进城务工农民解决住房的主要方式之一，获取及时准确的租赁信息是实现顺利承租住房的关键。因此，应加强政府对农民工租赁住房的信息服务，纳入政府对农民工的综合信息服务平台，将符合农民工需求特点的租赁住房所在区域、住房的租赁信息等定点及时发布，帮助农民工方便、快捷地租赁到所需的住房。

移居和就业本应是合一的行为，但在我国的城镇化过程中实际上是分离的。根据我们调查的情况，农民工进城打工的目的比较单一，就是出于提高收入的考虑。农村富余劳动力进城务工，多数居住集体宿舍或多人合住，而并不是以家庭的形式迁居城市长期居住和就业的。目前多数进城务工的农民工子女仍留在农村。这种进城的模式是导致农民工难以在城市永久定居的原因之一，其中农民工子女的教育问题又是影响农民工家庭整体进城的关键因素之一。因此，在为农民工家庭在城市的居住提供必要条件的同时，应探索城市的教育资源向满足一定条件的农民工开放的可行政策，如实行居住地管理制度：在城市居住满一定年限的农民工子女，可与该市市民一样享受当地的义务教育等公共资源，可按照居住所在地就近安排进入对应公办学校就读，享受和当地学生完全相同的资源和待遇等。

3. 加强对城乡结合部的城中村、城郊村出租房的管理

城中村、城郊村是吸纳进城务工农民的主要居住地点，加强对其中出租屋的管理是改善农民工居住条件的重要方面。城中村、城郊村的村委会应配合相关部门对本村的出租房进行管理，包括制止违规的乱搭乱建、做好本村环境卫生的整治、维护良好的治安环境等。

三 实现户籍管理向居住地管理的重心转移，逐步将移居城镇农民纳入城镇住房体系

上述措施是为实现在短期内改善农民工居住条件的目的。从战略高度来看待移居城镇的农民住房问题，要能够促进其实现在城镇的永久性定居，保障城镇化进程的顺利推进，将城镇住房体系的相关政策和优惠措施的覆盖范围从城镇户籍人口扩大到城镇非户籍常住人口。

城乡二元户籍制度背后的关键是教育、医疗、养老等社会保障待遇的不同。农业户口的背后是固化于土地之上的就业、住房、教育、医疗、养老等制度，非农业户口意味着能够享受公共财政提供的教育、医疗、社会保险、住房保障等一系列公共服务。只有加快发展我国的经济、不断提高国力和政府的财力、逐步实现城乡之间公共服务的均等化，才是户籍制度改革的突破之举。城乡二元户籍制度是一道闸门，只有上下游水位在同一高度时，也就是城乡公共服务均等时，取消城乡二元的户籍制度才水到渠成。

现行户籍制度不应成为移居城镇农民住房政策的障碍，可以在一定程度上回避户籍制度带来的福利和公共服务的固化问题。实施居住证制度，将在城市居住的年限与能够享受在子女教育、就业、住房保障、住房购买等方面的公共服务或相应的权利挂钩，解决在移居与落户的过程中无法享受到城市提供的基本公共服务的问题。特别是人口规模矛盾不突出的中小城市，对在该城市有稳定工作、居住达到一定时间的移居农民，可以纳入该城市的住房保障或住房政策体系内，享受同市民一样的待遇，即住房政策体系有条件地覆盖到非户籍人口。

2013 年中央城镇化工作会议提出，“推进城镇化，要注意处理好市场和政府的关系，既坚持使市场在资源配置中起决定性作用，又要更好地发挥政府在创造制度环境、编制发展规划、建设基础设施、提供公共服务、加强社会治理等

方面的职能”，实现移居农民的完全“市民化”，要让移居农民能够脱离土地保障，则必须能够为其提供完善的城镇社会保障，免除其在城镇定居生活的后顾之忧。对于住房来说，则是要在城镇住房供应体系的完善过程中，将进城农民逐步纳入住房供应体系的对象范围。

由于农民的收入低、积累少，单靠其自身力量通过市场是难以实现其住房需求的。农民收入的主要部分用于基本生活和教育、医疗等，很难安排用于住房支出的部分。加之，由于城市的住房价格过高，大多数农民难以承受城市住房市场的房价，绝大多数农民无法通过城市的房地产市场实现在城市的定居。因此，对于在城镇有稳定工作的这部分农民工家庭，可借助于现有的城镇住房供应体系，通过政府的政策支持，帮助其增加住房支付能力和减少购房支付的税费等成本。具体包括以下三个方面。

（1）支持移居城镇农民在城镇的首次购房。对于在城镇有稳定工作且连续工作一定年限以上，具有稳定收入来源的无房农民工家庭，其首次购房可享受政府的政策支持，可以申购限价商品房，或购买商品住房时，享受政府提供的贷款贴息等政策。

（2）享受住房保障政策。同样，在城镇有稳定就业和收入，且居住满一定年限的低收入无房农民工家庭，只要其符合当地住房保障对象的政策条件，则可将其纳入本地的住房保障体系，与户籍人口一样，可以申购当地的经济适用住房或申请公共租赁住房。

（3）住房公积金制度应逐步覆盖到农民工群体。有固定用工单位的农民工，其所在单位及农民工个人应按照在职职工的缴存标准缴存住房公积金，用于购房和支付住房租金。应针对农民工流动性高、工资低和多数在非公企业就业的特点，研究建立适合的农民工异地缴纳和支取住房公积金的全国性网络。

四 探索改革农村宅基地制度，赋予农民更多财产权利

在农民移居城镇过程中，要统筹城乡，实现住房资源的联动，解决农民移居城镇后原有农村宅基地和住房的闲置浪费问题；解决移居农民对农村宅基地和城镇住房保障双重占有的问题；增加农民的财产收益用于提高移居农民对城镇住房的支付能力，促进其向城镇的永久性迁移。中共十八届三中全会提出：“赋予农民更多财产权利。保障农户宅基地用益物权，改革完善农村宅基地制度，选择若干试点，慎重稳妥推进农民住房财产权抵押、担保、转让，探索农

民增加财产性收入渠道。建立农村产权流转交易市场，推动农村产权流转交易公开、公正、规范运行。”因此，通过农村宅基地制度改革，给予农民更多的财产权，增加通过财产权获取收益的途径，盘活农民宅基地和住房。

1. 农村住房和宅基地转让

根据法律规定，农民享有宅基地的使用权和其上房屋的所有权，农民可以将其所有的住房转让，按照“地随房走”的原则，则也将涉及宅基地的转移。在符合现有法律的条件下，探索宅基地在一定范围内的流转，如有的地方试点将宅基地流转范围从本集体经济组织扩大到县域、市域范围内农民都可参与交易，从而提高宅基地和其上住房流转的成功率。对于宅基地和住房的流转，都有赖于清晰的产权界定，因此要尽快对农村宅基地和住房进行确权登记发证。

2. 宅基地换房

在城镇化的过程中，有条件的地方可由政府组织，农民退出原有宅基地换取城镇住房。通过宅基地整理后出让实现收益来平衡城镇住房的建设资金。同时，保持承包地经营权不变、集体经济组织收益的分配权不变。集体经济组织将节约的土地复垦后发展现代化农业，农民凭借在集体经济组织的收益分配权也可获取相应收益。这种方式可以实现移居农民在城镇定居，有利于改善农民的居住条件、提高公共服务配套设施水平和环境卫生水平。

3. 保障农民的宅基地收益权

在进行农村宅基地整理、农民集中居住的过程中，腾退出的宅基地经整理转让或复垦经营后取得的收益，要在收益分配中充分考虑到享有原宅基地使用权的农民应取得的份额。

4. 宅基地有偿退出

要实现农民在城镇的永久性定居，必须要将农民在农村的土地和住房等财产以一定的方式置换出来，探索建立农村宅基地退出和补偿机制。对于已在城镇有稳定工作和收入、拥有自有房产的农民家庭，其在农村的宅基地住房确已闲置的，在农民自愿的前提下，可以退出原有宅基地，由政府给予其宅基地和其上住房的合理补偿。通过补偿，鼓励有在城镇定居意愿的农民退出农村宅基地，换取在城镇定居的资金支持等。

对农民进城后自愿退出的宅基地进行回购、置换，建立统一规范的管理制度及整合和合理利用土地资源的有效机制，促进土地资源节约，最大限度地发挥土地效益。退出后的宅基地可由镇或村统一收购，然后对退回的宅基地进行整理，形成农村集体建设用地，进入统一的城乡建设用地市场流转。

参考文献

成都市房产管理局课题组 . 2006. 解决农民工住房问题策略探析 [J]. 科学决策 , (10): 33-34.

蔡禾 . 2005. 城市化进程中的农民工问题研究 [R]. 广州 : 中山大学 .

重庆市工商业联合会 . 2005. 重庆市城市自营劳动农民工现状调查报告 [R]. 重庆 : 重庆市工商业联合会 .

房庆方，马向明，宋劲松 . 2007. 城中村——从广东看我国城市化进程中遇到的政策问题 [J]. 城市规划，(9): 18-20.

傅勇 . 2006. 人口红利消失有多少好处 [EB/OL].http://news.21cn.com/luntan/shidian/2006/02/17/2469028.shtml[2006-02-17].

高峰，董晓峰，侯典安，等 . 2006. 国内城中村研究综述 [J]. 现代城市研究，(7): 20-24.

高际香 . 2014. 俄罗斯城市化与城市发展 [J]. 俄罗斯东欧中亚研究，(1): 38-45.

国家发展和改革委员会产业发展研究所美国、巴西城镇化考察团 . 2004. 美国、巴西城市化和小城镇发展的经验及启示 [J]. 中国农村经济，(1):70-75.

国家统计局 . 2006. 城市农民工生活质量状况调查报告 [R]. 北京 : 国家统计局 .

国家统计局 . 2012. 2011 年我国农民工调查监测报告 .http://www.stats.gov.cn/tjfx/fxbg/t20120427_402801903.htm[2012-04-27].

国务院发展研究中心 . 2003. 世界一些发达国家城市化率的历史演进 [EB/OL].http://www.drcnet.com.cn/DRCnet.common.web/DocView.aspx?docId=-97327&leafId=1375&chnId=420&version=Integrated&viewMode=content [2003-12-10].

国务院发展研究中心课题组 . 2008. 农民工在打工城市的住房情况调查分析研究 [R]. 北京 : 国务院发展研究中心 .

国务院发展研究中心农民工城市贫困项目课题组 . 2008. 农民工生活状况、工资水平及公共服务 : 对北京、广州、南京、兰州的调查 [J]. 改革，(7): 84-98.

国务院研究室 . 2006. 中国农民工调研报告 [M]. 北京 : 中国言实出版社 .

胡加齐，郝云甫 . 2006. 拉美近期恶性事件有深层背景 [EB/OL].http://news.qq.com/a/20061123/001778.htm[2006-11-23].

黄卓宁 . 2007. 农民工住房来源及住房水平的实证研究 [J]. 南方中国评论，(9): 59-73.

贾生华，郑文娟，田传浩 . 2011. 城中村改造中利益相关者治理的理论与对策 [J]. 城市规划，(5): 62-68.

建设部 . 2004. 农民工居住现状调查报告 [R]. 北京 : 建设部 .

蒋耒文，庞丽华，张志明 . 2005. 中国城镇流动人口的住房状况研究 [J]. 人口研究，(4): 16-18.

李斌，王晓京 . 2006. 城市农民工的住房 [J]. 石家庄学院学报，(5): 16-21.

李晶 . 2008. “农民工” 住房问题及市民化发展趋势下的住房政策调研 [J]. 现代经济探讨，(9): 58-65.

李培林 . 2002. 巨变：村落的终结——都市里的村庄研究 [J]. 中国社会科学，(1): 168-179
李强 . 2005. 农民工与中国社会分层 [M]. 北京：社会科学文献出版社 .
联合国人类住区规划署理事会 . 2003. 有利于城市贫民的城市发展和住房战略 [J]. 人类居住，(4): 17-24.
刘伟 . 2007. 市场化 29 年："中国奇迹"是怎样创造的 [J]. 时事观察，（11）：50-57.
刘显忠 . 2003. 苏联时期城市化：成就和问题 [J]. 中国经贸导刊，(17): 52-53.
鲁米 · 艾贾兹 . 2014. 印度为城市贫民提供宜居住房的几项措施 [EB/OL].http://www.china.com.cn/news/txt/2013-09/11/content_29992836.htm[2014-05-15].
吕萍 . 2007. 农民工住房解决方式与现行土地政策之冲突 [J]. 住房保障，(3): 49-51.
马万里，陈玮 . 2008. 建立健全面向农民工的城市住房保障体系研究——杭州农民工基本住房状况调查与政策建议 [J]. 城市规划，(5): 38-44.
饶晶 . 2008. 论农民工的城市住房保障 [J]. 湖北经济学院学报，(9): 82-84.
任丽新 . 2009. 农民工社会保障：现状、困境与影响因素分析 [J]. 社会科学，（7）：17-20.
上海市房地产科学研究院课题组 . 2008. 农民工纳入城镇住房保障体系研究 [R]. 上海：上海市房地产科学研究院 .
田雪原 . 2006. 警惕人口城市化中的"拉美陷阱"[J]. 宏观经济研究，(2):12-17.
童大焕 . 2006. 利用人口红利加速推进社会转型 [EB/OL].http://news.xinhuanet.com/comments/2006-10/11/content_5187456.htm[2006-10-11].
王春光 . 2006. 农村流动人口的"半城市化"问题研究 [J]. 社会学研究，(5): 107-122.
魏立华，闫小培 . 2005."城中村"：存续前提下的转型——兼论"城中村"改造的可行性模式 [J]. 城市规划，(7): 9-13.
吴智刚，周素红 . 2005. 城中村改造：政府、城市与村民利益的统一——以广州市文冲村为例 [J]. 城市发展研究，(2): 48-53.
严晓东 .2007. 进城民工住房问题探讨 [J]. 企业经济 ,(02):147-149.
杨菊华，陈传波 . 2013. 流动人口家庭化的现状与特点：流动过程特征分析 [J]. 人口与发展，(3): 2-13.
叶文香 . 2013. 浅论中西方城市更新比较与启示 [J]. 价值工程，(27): 299-302.
佚名 . 2016. 美国城市更新模式的历史今鉴 [EB/OL]. http://sanwen8.cn/p/2744abu.html [2016-10-31].
余佳，丁金宏 . 2008. 中国户籍制度：基本价值、异化功能与改革取向 [J]. 人口与发展，（5）：23-32.
余南平 . 2006. 俄罗斯住房政策与住房市场的现状和未来 [J]. 俄罗斯研究，(1): 48-53.
袁东振 . 2005. 混乱和无序：拉美城市化的教训 [J]. 科学决策，(6): 36-38.
袁中友 . 2008. 论农民工城镇住房解决模式与路径选择 [J]. 改革与战略，24(6): 51-53.
岳澎，黄解宇 . 2008. 从"二元结构"到"三元结构"——中国"农民工"的户籍演变路径及其解决方案 [J]. 农业现代化研究，（2）：134-137.
张川杜，等 . 2006. 贫民窟困扰世界各国 [J]. 党员文摘，(11):30-32.
张高攀 . 2006. 城市"贫困聚居"现象分析及其对策探讨——以北京市为例 [J]. 城市规划，(1): 40-46.
张敏，顾朝林 . 2002. 农村城市化"苏南模式"与"珠江模式"比较研究 [J]. 经济地理，(4):

482-486.
张侠，赵德义，朱晓东，等 . 2006. 城中村改造中的利益关系分析与应对 [J]. 经济地理，(3): 496-499
郑秉文 . 2011. 拉美“过度城市化”与中国“浅度城市化”的比较 [EB/OL].http://www.chinareform.org.cn/people/z/zhengbingwen/Article/201109/t20110913_121360.htm[2011-07-23].
周达 . 2010. 我国城市移民的住房需求分析 [J]. 城市问题，(3)：58-61.
朱明芬 . 2007. 杭州农民工融入城市社会的现状调查及保障机制研究 [EB/OL]. http://www.zhdx.gov.cn/news[2007-09-25].
Abu-Lughod J. 1961. Migrant adjustment to city life: the Egyptian case[J]. American Journal of Sociology, 1(1): 22-32.
Anderson N. 1928. The slum: a project for study[J]. Social Forces, 7(1): 87-90.
Costello M A. 1987. Slums and squatter areas as entrepots for rural-urban migrants in a less developed society[J]. Social Forces, 66(2): 427-445.
Dwork C, Kumar R, Naor M, et al. 2001. Rank Aggregation Methods for the Web. 10 International Conference on the World Wide Web[M]. Hong Kong: ACM Press and Addison-Wesley.
Hendershot G E. 1978. Migrant-native differences in housing quality: Manila, 1973[J]. International Migration Review, 12(1): 104-113.
Herrera-Viedma E, Herrera F, Chiclana F. 2002. A consensus model for multiperson decision making with different preference structures[J]. IEEE Transactions on Systems, Man and Cybernetics—Part A: Systems and Humans, 32(3): 394-402.
Peattie L, Aldrete-Haas J A. 1981. “Marginal” settlements in developing countries: research, advocacy of policy, and evolution of programs[J]. Annual Review of Sociology, 7: 157-175
Protes A. 1972. Rationality in the slum: an essay on interpretive sociology[J]. Comparative Studies in Society and History, 14(3): 268-286.
Ulack R. 1976. Migration to the slum and squatter communities of Cagayan de Oro City[J]. International Migration Review, 10(3): 355-376.
Ulack R. 1978. The role of urban squatter settlements[J]. Annals of the Association of American Geographers, 68(4): 535-550.

附　　录

附录一　北京市钓鱼台甘家口街道办事处农民工聚居点实地调研报告

1. 基本情况简介

地点 1 位于北京市白堆子海军总医院西墙外，房屋的自然属性为平房，这些平房位于几处 20 世纪六七十年代建造的早已年久失修破旧不堪的楼房之间。据居住在这些平房里的农民工介绍，他们的房东们就住在那些旧楼房里，据此可以判断，这里的平房应当是这些城镇居民私搭滥建的违章建筑，可能是 1976 年唐山大地震后，楼房中的居民们为了避灾而私自搭建的简易房。在该地点内大约居住了 400 个外来务工人员，大多数房间内都居住着 3 人以上，一些房东拥有一个小院，一个小院内有三四间房屋。

2. 受访人员情况

杨某某，男，48 岁，夫妻二人于 2005 年到北京打工。丈夫从事的工作为保安，妻子做保洁工作，家庭月收入 2000 ～ 2500 元。家里有两个孩子，目前在家务农和上学。

张某某，女，38 岁，妻子已在北京工作五年，丈夫刚刚来到北京，目前还没有工作，家庭月收入 1500 元左右。

3. 居住环境

周边环境（见图 1）：

这里位于一个建筑工地的背后，小区外有一个自由市场，据当地人称在市场上做买卖的小商小贩大多是在地点 1 里居住的农民工，而在这里买菜的既有附近居住的农民工，也有在周边居住的居民，这里的蔬菜要比正规商场平均便宜 60% 以上。

图 1　周边环境

室内环境（见图 2）：

杨某某住在一个小院子最里边的里间，走进他的房间，一股热气让我差点喘不上气，主人立刻将电风扇打开。房间里没有窗户，如果平时要采光或者通风只能开门，他说反正家里也没什么值钱的东西，就算开门后家里没人也没什么好担心的。房间的举架只有 2 米左右，面积大概 5 平方米，一张最多算是宽尺寸的单人床占据了房间里近一半的面积，房间里除了一个电风扇外几乎没有什么别的电器。我们到的时候，院子里有几个小伙子正在做饭，他们就居住在杨某某的隔壁，据他介绍他们都是在附近工地做工的建筑工人，收入情况应该比他要好一些。这个院子所有住户做饭都是共用院子里的这个液化气灶。院子的面积大约有 6 平方米，比杨某某的房间没大多少。据他说，如果房子出现一些问题需要修补，房东都会过来，而且房东也会定期到这里来打扫院子的卫生。

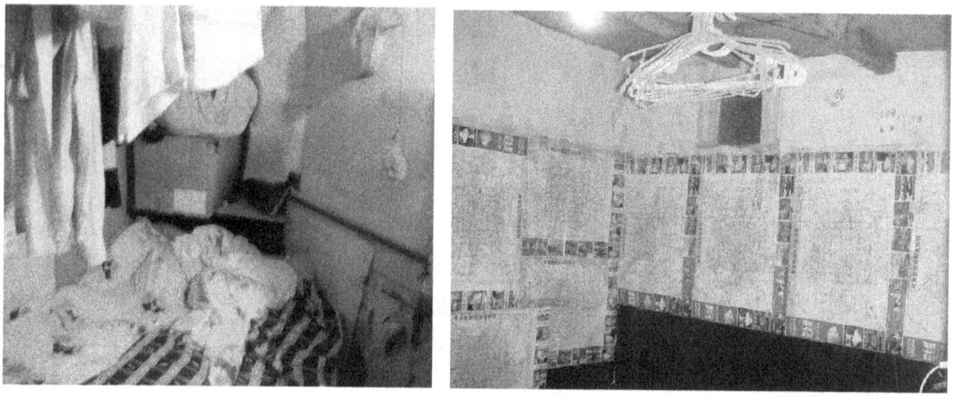

（a）　　　　（b）

图 2　室内环境

张某某居住在临近街道（实际上就是居住区内的一条小道）的边上，房子的质量较杨某某的也要好一些，有一扇窗户可以通风和采光，房租要比杨某某的贵 50 元。我们到她家时，她正在做饭，由于她住的房子并不是那种小院子里边的，所以她能够在室内用个人用的液化气灶来炒菜，她的伙食看来也不错，不过谈及伙食的时候，她无奈地说，其实她自己吃得很简单，这几天她丈夫刚从老家过来找工作，所以就得吃点好的。当我们问到她丈夫目前做什么工作时，她说现在她丈夫先顶着她的工作做，女性在北京更好找工作，所以她现在白天就在外边找工作。张某某的家里也比杨某某的更为整洁一些，房间的面积大概有 7 平方米，一个大的双人床也占据了房间的一半空间，床边有一个 14 寸很旧的彩色电视机。

室外环境（见图 3）：

地点 1 属于典型的私搭滥建，一条主要街道的两边全部是小房屋，不但外观不整洁，而且房屋质量也很差。街道上的卫生环境很糟糕，虽然在公共厕所旁有垃圾堆放点，但街道上随处可见肆意丢弃的废弃物，这几天北京的天气格外潮湿，街道上的气味也较为刺鼻。街道是紧紧做过简单夯实处理的土路，下过小雨后还是有些泥泞。

这里的房屋都是一层的小平房，看来也是好久没有修缮过。

图 3　室外环境

生活设施（见图 4）：

由于这里已经属于建成区，基础设施的条件还算可以，但这里的农民工也只能享受到自来水的服务。

居住在这里的 500 口人平时只用一个公共厕所，这个厕所可以说是已经在北京城区内消失了近 10 年之久的“茅坑式”，每天早上都得排队。

（a）　　（b）

图 4　生活设施

街道上空 2 米多高的位置就是各家各户的电线，真的还有点像是电网。

对于洗澡，只要工作地点有条件洗，他们就尽量在上班的时候洗。在居住的地方，夏天还可以在屋里简单地用水擦擦身，冬天就只有到外面的公共浴室去了。

这里没有任何的供暖设施，大部分农民工冬天取暖只能靠"厚被 + 体温"，而且墙体仅有一层砖（因年久失修，有的墙体连一层砖都不完整了）。

未来情况：

由于这里位于高楼大厦的环抱之中，随时都有被拆迁的命运。走访之中，杨某某对我们说："拆迁之后再去寻找一处合适的住处，反正就是个睡觉的地方。"

由于房屋属于违章建筑，也就没有任何产权证明，因此房屋租赁关系也没有任何的文本协议进行保障，但是，当我们提出房主可以随时将你们赶走的问题时，他们却很轻松地回答："那走就走呗。"

4. 生活支出

杨某某，月房租 300 元，其中水、电、天然气都包括在里边。每月用在吃饭上的支出 200 ～ 300 元。

张某某，月房租 350 元，其中水、电、天然气都包括在里边。

这里房屋的房租全部是按月结算，一般是月底交这个月的房租。

5. 结论和体会

第一，农民工将居住的需求降至最低，生活成本是居住在这里的农民工选择住处的首要影响因素。

在居住方面，这里的农民工没有特殊要求，用当地居民的一句话来概括，就是："只要有一个睡觉的地方就可以。"从这里大部分住户的家庭陈设来看，几乎没有什么家庭娱乐设施，可以说他们已经将居住的需求降低到找到能够满足基本睡眠需求的安身之所的低水平上。而且大多数人，特别是 30 岁以上的已婚农民工都表示，目前在城里工作就是为了给孩子攒钱，所以自己在住的方面差一点也就无所谓了（据当地的农民工介绍，在众多大城市中，北京的工作机会较多，但工资水平也不高，特别是对于没有"一技之长"的中年人）。

由于这里地处城市中心地带，对于大多数农民工来说离工作地点很近，这样可以节约大部分的交通成本和其他生活费用，又因为这里的房屋属于房东私搭滥建的违章建筑，房屋质量极差，房租水平与地段相比有很大的成本优势，因此，许多农民工宁肯硬件条件差一些，也愿意选择在这里居住。

第二，大多数人对这里的居住条件不满意。

从我们对居住的几个农民工的访问情况来看，他们大多数对这里的居住条件表示很不满意，请他们对自己的居住现状进行打分，他们最多打60分。他们大多数都表示，现在这样的生活条件也就是自己住还能将就，但如果孩子来了就无论如何也要换个地方了（我们在对其他地方进行访问时，同样发现如果孩子与大人同住，孩子们的居住条件往往更受大人们的重视），我们在调查时也发现，在这里住的农民工中带着孩子的并不多，从这个侧面也可以看出这里的条件确实很难令这些农民工们满意。

另外，这里除了破房屋就是小街道，农民工没有任何其他的娱乐设施可以享受，唯一可以在茶余饭后休闲的去处就是玉渊潭公园了。

第三，房屋质量问题成为巨大隐患。

这里的房屋全部由房东们自行搭建，不用说居住区的整体规划，就连基本的结构都很不合理，建筑材料方面也以碎石砖瓦为主，且从建造至今已有近30年的历史，可以说房屋的安全性很差，几乎不具备任何抵抗自然灾害的能力。房屋由于年久失修，经常会发生漏雨、掉灰等问题，也严重影响了居住的质量。

第四，文明上的隔离容易引发一系列社会问题。

图5充分体现了文明的隔离。不远处隐约可见高耸入云的中央电视塔，它既体现了以发达科技为代表的现代化物质文明生活，又是以电视传媒为主体的现代精神文明生活的物质形态。而近处却是破旧不堪、乱搭乱建、缺乏现代化管理、毫无生活情趣和居住质量可言的农民工居所，这里的物质仅在基本生存

图5 文明的隔离

层次，精神上的生活好像已被社会遗忘。中央电视塔建起的十几年间，这里的生活水平就像是这张照片一样永久的定格，但同外部文明之间的差距却越来越大，即便农民工们的收入水平发生了巨大的提高，工作上也开始逐渐融入城里现代文明的社会，但他们每天能够最为轻松面对的环境，却是这种与外界生活落差越来越大的景象。这种生存环境方面的文明隔离，可能比收入上的差距更能造成一种仇视社会的心理，这种心理鸿沟越宽，其间所包含的社会矛盾也就越复杂。

（执笔人：张 智）

附录二 北京市海淀区四季青桥外东平庄实地调研报告

1. 基本情况简介

东平庄位于北京西四环四季青桥附近，属于海淀区管辖。地理位置距离市中心不远，譬如到甘家口只需要车程40分钟左右。东平庄地属农村，弥漫着浓重的农村文化，加上房租低廉，深受农民工的欢迎，成了农民工聚集的一个重要场所。走进东平庄，感觉像走入了江南一小市镇。为了获得农民工住房条件的详细情况，我们对东平庄作了较为深入的调查。

图6 租住房室内条件

2. 租住条件

沿着一条小道开车进去，途中有一中年妇女迎接我们。她是甘家口附近停车管理员，名叫小李，每月工资大约为2000元，随季节波动而波动，她的丈夫是一个汽车修理工。他们所住的房间在一楼，说是一楼其实是房东在平房的基础上加建的，房东住在二楼，顺着狭隘的铁楼梯上去就是房东的房间（见图6）。

小李和丈夫的房间，面积大概为8平方米，隔壁还有两户农民工家庭。冬天有集中供暖，夏天由于没有条件装空调。小李除了买一个电扇之外，还买了一个排风扇，这一自制的循环系统给房间增添了不少凉意。据她介绍，这样房间就不感觉闷热了。她与房东挺熟的，房东给的房租优惠价是300元，一般租给别人的房租都是350～400元不等，明显高于房东向她收取的房租。由于加建了一层，原来的平房之间空隙比较狭窄，加建后就严重影响了底层房间的采光（见图7）。据小李介绍，这里几乎是整天见不到阳光的，即使白天也需要开着电灯。小孩成长是需要阳光的，否则就缺钙，小李经常叮嘱小孩多在外面晒点太阳。底层房间除了日照不足之外，手机信号也不好。在外面过道的墙壁上还挂着一个塑料袋，小李说是用来放手机的，手机在这里就能收到信号了，即使在房内也可以听到铃声。

小李把孩子也接了过来，由于房间小，床铺是上下两层的，小孩睡在上面，他们夫妻两人睡在下面（见图8）。小孩在附近的小学读书，一年交400元，不收借读费，这是夫妻俩能够供得起的。据她介绍，她们没有打算在北京购房，只是看小孩读书的情况。如果小孩争气，她会一直供小孩读书的，如果小孩读书不好，那时小孩辍学也是她离开北京的时候。可见北京的教育条件是吸引众多进城务工人员的原因之一。对于我们平时所称的"住房刚性需求"，其实农民工是被排除在外的。

图7　昏暗的过道

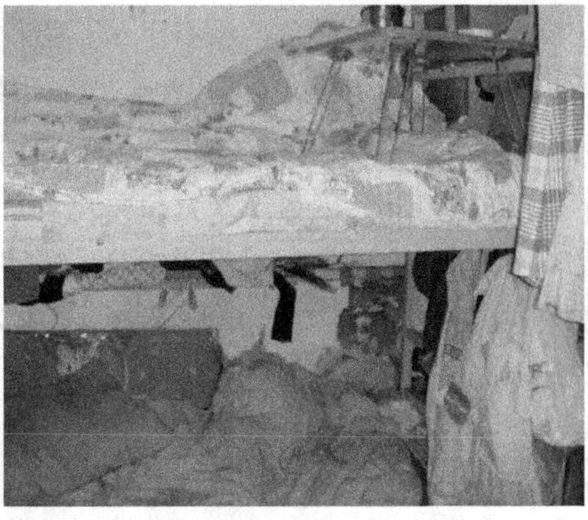

图8　床铺

3. 小区规划

村级规划在我国不多，农房规划更不多。像我们出差调研时遇到的河南宁陵县后陈村规划、河南宁陵县李七庄规划及重庆江北区双溪村规划都属于比较少见的村级规划。因此，作为典型的村落小区，东平庄小区乱搭乱建的现象比较严重，也不受什么规划约束，譬如小李的房东就是搭建而成，房东在二楼居住。有钱的房东甚至搭建三层楼房，为的是收取租金。临街的，底层被出租出去，开饭店之类的，租金收益更高，当然更有实力乱搭乱建。但是由于临近西郊机场，这里的乱搭乱建也不敢过于嚣张，否则影响航空安全，乱建乱搭的都会被拆除的。房东一般都有些资金实力，当然可以享受更好的生活条件。我们发现一个有趣的现象，那就是二楼一般都装了空调，那就是房东的房间。也就是说，即使在同一个小区，房东的住房条件好于农民工。

4. 基础设施

每家都有一电表，每月缴纳电费，与普通市民一样；水费按人头计算，有的缴纳 10 元，有的缴纳 15 元。这种歧视性收费的原因是什么呢？水费不像电费一样，电表可以精确衡量出每家每户的用电量，但是水龙头只有一个，衡量每家每户的用水量实在不容易，也就是说，衡量成本太大了，因此房东都是按水费总额除以人数，按人头平均收费。平时用水多的就多收点。洗澡的话，夏天用水盆接一盆，擦擦身体就行了，冬天要到外面洗澡。小区内有一本地人开的浴池，价格成人每人 8 元，小李嫌价格太高了，于是就到附近的浴池去洗澡，一次 4 元。

房间内没有厕所，上厕所要到小区内的厕所，小区内的厕所有两个，南一个，北一个，没有洗手设备，没有下水，更没有城市公共厕所的洗手液，苍蝇横飞，臭气刺鼻，只有掩鼻才能勉强如厕。厕所的形式和农村公共厕所一样，三个斜道式的蹲位，蹲位与蹲位之间没有隔离板，如厕时觉得人的尊严感几乎都失去了。即便如此，因为外来人口家里均没有厕所，每天早上去厕所之前也要排长队。厕所前面的空地就是垃圾堆，没有垃圾箱，垃圾随意堆积，更增添了难闻的臭味。据介绍，每天市政都会到这里来收垃圾和清理厕所。

5. 服务设施

小区属于低收入区，一般家庭收入在 4000 元左右，收入高点的就会搬到更好的地方。人口构成复杂，有停车管理的、有卖麻辣烫的、有物业管理的，当然人口也来自不同的省份，普遍的特征是属于北京低收入阶层。尽管小区人均收入少，却呈现出繁荣的景象，人流川流不息。

夏天的晚上，到处都可以看到坐着喝啤酒、吃羊肉串或麻辣烫的居民，并形成了对应收入水平的物价水平，譬如一盘青椒肉丝只要 5 元钱，炒青菜只要 3

元钱左右。小区人口多了，自然对医疗服务产生了需求，有人就办起了简易的诊所，一般头疼脑热的病都可以看好，病情严重了就到附近的四季青医院就诊。这里的小超市也非常简易，货物到处堆放，为的是在有限的空间堆积更多商品以减少储藏成本，价格也比较低廉。显然，这里已经形成了低收入综合服务区，形成了小区自我发展内部循环体系。

6. 几点启示

启示一：农民工收入虽然较低，但是他们会自己选择与之收入相适应的住房条件，一旦收入改善，农民工就能搬到更好的地方。因此，通过市场机制让农民工自主选择还是具有较高效率的。政府要做的只是提供较好的基础设施，如道路、上下水；此外还要对房屋的质量和安全状况进行检查，譬如乱拉乱接电线的现象。

启示二：虽然乱搭乱建为城市管理所不允许，但是事实上城中村及村庄中的搭建为农民工提供了低成本的住所。

启示三：农民工进城务工的最终目的不是为了住房，而是相对于农业，城市具有较高的比较收益和较高的教育设施。农民工也买不起住房，他们只是这个城市的匆匆过客。因此，对农民工的住房条件的改善，一是要继续发挥市场机制的作用，二是修建一些较小面积的廉租住房低价出租给农民工朋友，要建立配套的基础设施和服务设施，并建立完善的退出机制。不要担心出现贫民窟现象，东升庄低收入综合服务区就是功能齐全的小区，也是适合农民工承受能力的乐园。

（执笔人：钟庭军）

附录三　建筑工棚实地调研报告

1. 工棚基本情况

西客站北蜂窝工地：

该处工棚（见图9）由彩钢板材料制成，为标准化工棚。地面三层建造，地下有较深的基础，并有圈梁。这种材料制成的房屋建筑成本为每平方米400～500元，如果组装过程技术运用合理，可以重复使用四五次。

图 9　工棚外景

每个房屋的使用面积约为 20 平方米，排列了 7 ～ 8 张上下铺的床位，由于该工地目前处于结构工程的基础部分，所需工人较多，所以房间内几乎所有的床位上都住着工人，居住条件相对紧张。房间内的卫生条件还可以，基本可以达到整洁、有条理的要求。目前工地上的工人约为 500 人。为了解决目前工人居住拥挤的问题，甲方（总承包商）承诺会再建一部分工棚。

房间冬天取暖是用电暖气，根据人数的不同，最多会给每个房间安排两个，由于该工棚建筑材料具备一定的保暖功能，因此两个电暖气的热量还算够用。夏天工地会根据工人的数量安排公用风扇。

四季青西平庄工地：

该处工棚外部建筑材料为石膏板，内部为苯板。由于这种材料的成本较低，且承重能力和构造强度也较差，因此最适合建造一层的工棚。当然，这处工地的条件与西客站北蜂窝工地略有不同，北蜂窝工地地处市中心，因此工地内的空闲空间有限，工棚在建设方面最好采用多层形式。而该工地地处城市郊区，工地围墙内的空间很大，即便工棚全部为单层，仍有大面积的空闲土地。这种劣质建筑材料（据劳务公司的负责人员介绍，这种材料属于目前常用的集中建造活动板房材料中最差的一种，且非常不环保）的成本极低，每平方米的成本还不到 100 元，而且是一次性的。

每个房间使用面积约为 20 平方米，同样排列了 7 ～ 8 张上下铺的床位，由于目前该工地工程已经进入后期的室内外装修阶段，需要的工人不多，约为 200 人，现在每个房间里大约居住了 10 人。但工棚内部的卫生条件非常差，到处都是一些杂物和工人们的行李，相当不整洁。市内潮湿阴暗，通风和采光都不是很好。

房间冬天采用电炉取暖，但据管理人员介绍，由于建筑材料不具备任何的保温功能，区区的电炉几乎起不到任何的作用。夏天工人们都是用自己的风扇来降温。

2. 工地生活环境

西客站北蜂窝工地：

工地有公共厨房为工人们提供伙食，卫生条件比较不错。工人们每天三餐在公共食堂进食，食堂的位置距离工棚较近。

工地的厕所距离工棚的距离约为 20 米，是砖垒制的简易茅房。由于空间和成本问题，厕所不大，根本满足不了 500 名工人的日常需求，早上需要排队。

工地虽然有公共浴室，但没有热水，夏天工人们可以凑合用凉水来洗澡。

工地内部没有任何的文化娱乐设施，工人下班后，有的时候到周围的一些台球厅、网吧等场所打发时间，但由于一天的劳累工作，大部分工人已经没有心思去玩了。不过所幸的是，此处工地位于城市中心地点，各种生活设施都比较完善，生活的便利程度也比较好。

四季青西平庄工地：

工地公共厨房的卫生条件较差，没有公共食堂，工人们都是从厨房打回饭到宿舍里吃。我们去的时候，正好赶上工人们在吃午饭，饭菜质量也一般。

工地的厕所和厨房是邻居，厕所同样属于砖垒制的简易茅房，而且早上同样需要排长队。

工地厕所的隔壁是浴室，浴室里有一些水龙头可供工人们冲凉，但没有热水。浴室外边是一排水龙头，工人们可以在这里洗漱和清洗衣物。

此处工地内部也没有任何的文化娱乐设施，而这里地处“荒郊野外”，方圆 1 千米内都是农地，工人们想要到外边进行文娱休闲活动也十分不便。据工地的管理人员介绍，大部分工人在业余时间也没有太多这方面的需求。

3. 相关管理政策

政府方面：

据工地负责人员介绍，目前北京市相关部门对于工地的住房方面没有专门的规章制度和标准。市劳动保障监察大队的协调员、安全生产监督管理部门及住房和城乡建设委员会的管理部门会定期或不定期的到工地来检查工人的生活，但大多关心生产安全，极少检查工人的住房环境，而且这种检查制度也不能在每个工地得到执行。

在非典型肺炎（SARS）时期，为了降低传染病在工地爆发的概率，国家相关部门出台了一些标准，如工棚内工人的人均居住面积不得低于2平方米，以及夏天要安装纱窗等。在当年及2004年，这些标准在大部分工地都得到较好的落实，工人居住条件也有了明显的改善。然而，2005年以来，一方面由于当时标准的层次较低，缺乏必要的法律效力；另一方面由于政府的监管工作不力，调研中发现，该标准在大部分工地都没有得到有效执行。

企业方面：

由于当前建筑业市场存在的转包、挂靠等情况，建筑工人的管理全部由劳务公司负责。我们通过调研了解到，为了最大限度地压缩成本，大部分劳务公司对于工人住房方面也都没有特别严格的要求。我们调研的一个劳务公司，对于这方面有一定的规定，主要包括:《建筑工地后勤管理条例》规定，工人宿舍必须整洁卫生，指定专人每天打扫宿舍房间和公共区域，并规定了违反相关规定的处罚方式；在《职工宿舍管理制度》中对宿舍内部设施、卫生、居住行为、取暖及生活安全方面都进行了详细规定；《工人宿舍降温、取暖措施》还对夏天和冬天的居住细节提出了具体要求；此外，《后勤检查标准》和《建筑工程安全文明施工检查标准》都分别将住房方面的因素纳入其中，作为考核相关管理人员的重要指标。

4. 几点结论

第一，工人的居住条件有了长足进步，但工棚的居住条件普遍较差。据现场工人和劳务公司的相关负责人介绍，当前工棚的条件比20世纪90年代有了很大的改进。当时，大多数工地的工棚都是砖垒制的简易房，床也不是现在的单人床，而是那种通铺，一个铺上住二十几个人，一个房间两个铺，算下来一个房间要住上四五十人。工地的生活设施也比现在要落后一些。西客站北蜂窝工地的工人们对现在的居住环境进行打分，如果满分是100，普遍可以给出七八十分。然而，工人们的居住现状同符合工人物质、精神和文化生活的要求还相去甚远。大部分工地工人人均居住面积很难达到SARS时要求的2平方米（其实2平方米的面积也很难满足基本起居要求），工人们除了一张很小的床铺外，仅有一点点活动空间；其他生活设施的改善程度要小得多，如厕所、公共食堂、浴室等条件的改善极为有限。可以说，总体上工棚的居住环境还是很差的。

第二，相关标准和政府监管缺位是问题的症结所在。根据我们的调研结果，当前绝大多数工地的工棚都是由总承包方来提供，他们根据工程所需的最多工人数量（通常是基础工程阶段）来确定工棚的建造数量。为了节约成本，他们通常都将工地的居住条件压到最低水平；因为各个工程都是项目独立核算，在选材方面他们也都不愿意选择能够多次使用但成本较高的彩钢板；由于政府没有相应的管理制度，总承包方在工棚建设上也就力求简单甚至是低劣，在北京只有靠近市中心和国家重点工程工地上的工棚建设相对好一些。

单从总承包方的角度出发，为了经济利益，他们很难主动提高工棚的建设水平。因此，只有在这方面加强标准的设计，并提高政府监管的力度，将工人居住条件列为相关部门和相关企业绩效评价的重要指标，工人居住条件差的问题才能得到有效解决。

第三，工人对于居住条件的改善没有太高的要求。从建筑工人角度出发，他们大多数都是为了打工挣钱（建筑工人的工资水平相对其他行业要高一些），挣了钱后回家盖房子或者供孩子上学，因此，在居住方面也就没有太多的要求，能够满足基本需求即可。即便居住环境很难令人满意，他们通常也采取逆来顺受的态度，因为一方面他们觉得没有必要去争取自己的利益，另一方面也可能是由于他们觉得争取下来的可能性极低。

（执笔人：张　智）

附录四　农民工住房问题调查问卷（一）

问卷说明：本问卷调查于2009年完成，主要考察农村进城务工人员（农民工）的住房现状，问卷的调查对象为农村进城务工人员，问卷调查采取问答形式，即由一名专业调查人员根据问题进行询问，由受调查对象进行回答。由于本问卷研究将作为国家级重大课题的基础研究部分，它的准确性将决定课题研究的最终成果，所以，希望调查人员和受调查人员以准确、客观的态度进行填写。在问卷的结尾，希望受调查人员留下联系方式，以便我们日后的复查。

问卷发放对象：农民工

问卷填写的注意事项：

•问卷以选择题为主，且选择题全部为单项选择题，即在选项中选出最为合适的作为题目答案。

•问卷的第11、12题为填空题，请调查人员根据受访者提供的信息进行填写。

•问卷的第 13 题为选择题，即请调查人员根据受访者提供的信息在受访者拥有的家用设备前画钩。

•问卷的第 23 ～ 27 题为选作题，请仔细阅读这五道问题前括号内的条件。

1. 您所在的行业________________

A. 制造业　　B. 建筑业　　C. 社会服务业

D. 餐饮业　　E. 批发零售业

2. 您的年收入情况________________

A. 5000 元以下　　B. 5000 ～ 10 000 元　　C. 10 000 ～ 15 000 元

D. 15 000 ～ 20 000 元　　E. 20 000 元以上

3. 您在城镇地区累计务工时间为________________

A. 5 年以下　　B. 5 ～ 10 年　　C. 10 ～ 15 年

D. 15 ～ 20 年　　E. 20 年以上

4. 您的受教育情况________________

A. 小学及以下　　B. 初中

C. 高中（包括中专、职高、技校）　　D. 大学及以上

5. 您目前通过何种方式在您所工作的城镇中解决自己的住房问题____________

A. 自己租赁　　B. 自己购买　　C. 用工企业统一租赁

D. 包工头统一租赁　　E. 用工企业的集体宿舍

F. 其他（请具体写明）:________________

6. 如果您目前租房居住，每月房租支出________________

A. 150 元以下　　B. 150 ～ 300 元　　C. 300 ～ 500 元

D. 500 ～ 1000 元　　E. 1000 元以上

如果您目前买房居住，您所购买的性质________________

A. 普通商品房　　B. 房改房　　C. 小产权房　　D. 农房

E. 其他（请具体写明）:________________

如果您目前买房居住，您所购买房屋的单价________________

A. 3000 元以下　　B. 3000 ～ 5000 元

C. 5000 ～ 10 000 元　　D. 10 000 元以上

7. 居住的房屋的性质________________

A. 城市中的一般商品房　　B. 房改房　　C. 城中村中的农房

D. 城中村中房主自行搭建的房屋　　E. 农村的农房

F. 其他（请具体写明）:________________

8. 居住的地点______________

A. 工作地点或工地内部　　B. 市中心工作地点附近

C. 市中心远离工作地点　　D. 城乡结合部　　E. 农村

9. 居住房屋的自然情况______________

A. 楼房　　B. 平房　　C. 简易房

D. 地下室　　E. 工棚

F. 其他（请具体写明）：______________

10. 居住房屋的人均使用面积（平方米）______________

A. 5 以下　　B. 5 ～ 15　　C. 15 ～ 25

D. 25 ～ 35　　E. 35 以上

11. 居住房屋的结构，有___个房间，有___个客厅，有（没有）独立的厨房，有（没有）独立卫生间，有（没有）独立的浴室。

12. 整套房屋（或者整间）宿舍共住______________个人。

13. 请选择您目前所居住房屋中具有的设备______________

□电视机　　□电冰箱　　□洗衣机　　□空调

□影碟机　　□电话机　　□天然气

14.（本题只请在长江以北务工的人员回答）您所居住房屋的供暖设备情况______________

A. 集中供暖的暖气　　B. 电暖气或空调取暖

C. 自已生炉取暖　　D. 无取暖设施

E. 其他：______________

15. 房屋通风状况如何______________

A. 很好　　B. 一般

C. 很差　　D. 几乎无法通风

16. 房屋采光情况______________

A. 很好，光线基本无遮挡　　B. 一般，白天有较长时间无阳光

C. 很差，白天几乎不进阳光　　D. 极差，从来不进阳光

17. 以下问题调查生活便利程度，请您对每项进行打分。5 分：十分便利，出门就是；4 分：比较便利，出门步行 5 分钟即可到达；3 分：一般，需要步行 5 分钟以上；2 分：比较不便，必须乘坐公共交通才能前往；1 分：十分不便，乘坐公共交通需要 30 分钟以上的时间。

①购买生活用品（便利店、超市、购物中心、集贸市场、批发市场等）：

A. 5　　B. 4　　C. 3　　D. 2　　E. 1

②健身锻炼场所（体育馆、球场、公园、健身会所等）：

A. 5　　B. 4　　C. 3　　D. 2　　E. 1

③休闲娱乐场所（歌舞厅、网吧等）：

A. 5　　B. 4　　C. 3　　D. 2　　E. 1

④医疗场所（主要是指社区医院）

A. 5　　B. 4　　C. 3　　D. 2　　E. 1

⑤文化场所（图书馆、电影院等）

A. 5　　B. 4　　C. 3　　D. 2　　E. 1

18. 居住区内的绿化情况________

A. 很好，绿化面积大，且绿地的景观设计较好

B. 一般，有一定的绿化面积，但景观设计一般

C. 较差，绿化面积很小　　D. 很差，基本没有绿化

19. 居住区的公共卫生情况________

A. 很好，有公共垃圾箱且每天都有专门人员进行收集

B. 一般，有公共垃圾箱但并不是每天都收集

C. 较差，没有公共垃圾箱

D. 极差，垃圾乱堆乱放而且基本无人清理

如果您居住在用工企业提供的集体宿舍中，可以不回答以下两个问题

20. 您所在的用工企业是否对您住房有一定的补助________

A. 没有　　B. 不清楚　　C. 有，请具体写明：______

21. 当地政府是否对您的住房有一定的补助措施________

A. 没有　　B. 不清楚　　C. 有，请具体写明：______

22. 从您的主观意愿出发，在您的务工城市，您更倾向的居住方式______

A. 买房　　B. 个人或者家庭租房　　C. 住工棚或者集体宿舍

D. 其他（请具体写明）：________

23.（若您第 22 题选择 A，请回答此题）如果您更愿意买房居住，请按照由强至弱的顺序对下列影响因素进行排序

A. 拥有财产　　B. 得到城里人的认同

C. 为孩子今后在城里的生活考虑　　D. 提高生活质量

E. 心理上的攀比行为

排序：________________

24.（若您第 22 题选择 B，请回答此题）如果您更愿意选择租房，请按照由强至弱的顺序对下列影响因素进行排序

A. 成本因素　　B. 便于随着工作的改变而搬家

C. 提高家庭生活质量　　D. 不打算在城里长期居住

E. 可以与同乡居住在一起

排序：________________

25.（若您第 22 题选择 C，请回答此题）如果您更愿意选择居住在工棚或集体宿舍，请按照由强至弱的顺序对下列影响因素进行排序

A. 成本因素　　B. 方便工作　　C. 雇主的硬性要求

D. 喜欢与工友们居住在一起　　E. 生活比较方便

排序：________________

26.（此题仅要求农村全家都在城镇工作和居住的进城务工人员回答）您在农村家里的住房如何处理?

A. 闲置　　B. 出租　　C. 无偿借给他人居住

D. 卖掉了　　E. 其他（具体请写明）________

27.（此题仅要求农村全家都在城镇工作和居住的进城务工人员回答）您在农村的承包地如何处理?

A. 闲置　　B. 租给别人住　　C. 承包权已经转让

D. 其他（请具体写明）________________________

____

请您留下您的具体信息：

姓名：________

性别：________

年龄：________

电话：________

婚姻状况：________

有无子女：________

附录五　农民工住房问题调查问卷（二）

问卷发放对象：地方政府

1. 贵省 / 自治区 / 直辖市是否出台针对农民工的住房保障措施

A. 否　　B. 是，并请列举相关文件和政策措施：____________

2. 对于居住在城中村农民出租屋中和农村住房中的农民工，贵省 / 自治区 / 直辖市相关部门是否有相应的管理措施

A. 否　　B. 是，并请列举相关文件和政策措施：____________

3. 对于用工企业为农民工提供集体宿舍的是否有相关管理规定

A. 否　　B. 是，并请列举相关文件和政策措施：____________

4. 对农民工居住环境、居住安全等方面是否有相关规定

A. 否　　B. 是，并请列举相关文件和政策措施：____________

5. 是否已经建立起农民工的住房公积金制度

A. 否　　B. 是，并请列举相关文件和政策措施：____________

6. 是否出台过关于农民工住房的其他规定

A. 否　　B. 是，并请列举相关文件和政策措施：____________

7. 是否进行过农民工住房问题的相关调查

A. 否　　B. 是。如果“是”，请提供相关调查结果____________

8. 农民工住房的管理涉及到哪几个政府部门，请具体列出：____________

____